智能科学技术著作丛书

钢铁生产调度及其
人工蜂群算法研究

李俊青　潘全科　刘　闯　著

科学出版社
北京

内 容 简 介

　　钢铁行业是我国国民经济的重要支柱产业,高效的优化方法对于钢铁企业生产调度有着重要的现实意义。混合流水车间调度问题是钢铁生产过程中的一种典型调度问题。本书针对炼铁、炼钢-连铸、热轧等生产环节的混合流水车间调度问题,分别建立了混合整数规划模型,研究了问题的先验知识和结构特性,探索了人工蜂群优化解决调度问题的关键理论与技术,提出了一系列具有创新性的优化调度理论,并设计了多种高效的调度方法。本书是作者近几年在多项国家和省部级科研项目资助下取得的一系列研究成果的结晶。

　　本书可供高等院校自动化、计算机等相关专业的教师及研究生阅读,也可供自然科学和工程技术领域的研究人员学习参考。

图书在版编目(CIP)数据

钢铁生产调度及其人工蜂群算法研究/李俊青,潘全科,刘闯著.—北京:科学出版社,2017.11
　(智能科学技术著作丛书)
　ISBN 978-7-03-055146-7

　Ⅰ.①钢…　Ⅱ.①李…②潘…③刘…　Ⅲ.①钢铁工业-生产调度-计算机算法-研究-中国　Ⅳ.①F426.316.2-39

中国版本图书馆 CIP 数据核字(2017)第 269378 号

责任编辑:张海娜　姚庆爽 / 责任校对:桂伟利
责任印制:张　伟 / 封面设计:陈　敬

科学出版社 出版
北京东黄城根北街 16 号
邮政编码:100717
http://www.sciencep.com

北京中石油彩色印刷有限责任公司 印刷
科学出版社发行　各地新华书店经销
*
2017 年 11 月第　一　版　开本:720×1000　B5
2017 年 11 月第一次印刷　印张:12 1/4
字数:240 000
定价:80.00 元
(如有印装质量问题,我社负责调换)

《智能科学技术著作丛书》序

"智能"是"信息"的精彩结晶,"智能科学技术"是"信息科学技术"的辉煌篇章,"智能化"是"信息化"发展的新动向、新阶段。

"智能科学技术"(intelligence science & technology,IST)是关于"广义智能"的理论方法和应用技术的综合性科学技术领域,其研究对象包括:

· "自然智能"(natural intelligence,NI),包括"人的智能"(human intelligence,HI)及其他"生物智能"(biological intelligence,BI)。

· "人工智能"(artificial intelligence,AI),包括"机器智能"(machine intelligence,MI)与"智能机器"(intelligent machine,IM)。

· "集成智能"(integrated intelligence,II),即"人的智能"与"机器智能"人机互补的集成智能。

· "协同智能"(cooperative intelligence,CI),指"个体智能"相互协调共生的群体协同智能。

· "分布智能"(distributed intelligence,DI),如广域信息网、分散大系统的分布式智能。

"人工智能"学科自 1956 年诞生以来,在起伏、曲折的科学征途上不断前进、发展,从狭义人工智能走向广义人工智能,从个体人工智能到群体人工智能,从集中式人工智能到分布式人工智能,在理论方法研究和应用技术开发方面都取得了重大进展。如果说当年"人工智能"学科的诞生是生物科学技术与信息科学技术、系统科学技术的一次成功的结合,那么可以认为,现在"智能科学技术"领域的兴起是在信息化、网络化时代又一次新的多学科交融。

1981 年,"中国人工智能学会"(Chinese Association for Artificial Intelligence,CAAI)正式成立,25 年来,从艰苦创业到成长壮大,从学习跟踪到自主研发,团结我国广大学者,在"人工智能"的研究开发及应用方面取得了显著的进展,促进了"智能科学技术"的发展。在华夏文化与东方哲学影响下,我国智能科学技术的研究、开发及应用,在学术思想与科学方法上,具有综合性、整体性、协调性的特色,在理论方法研究与应用技术开发方面,取得了具有创新性、开拓性的成果。"智能化"已成为当前新技术、新产品的发展方向和显著标志。

为了适时总结、交流、宣传我国学者在"智能科学技术"领域的研究开发及应用成果,中国人工智能学会与科学出版社合作编辑出版《智能科学技术著作丛书》。需要强调的是,这套丛书将优先出版那些有助于将科学技术转化为生产力以及对社会和国民经济建设有重大作用和应用前景的著作。

　　我们相信,有广大智能科学技术工作者的积极参与和大力支持,以及编委们的共同努力,《智能科学技术著作丛书》将为繁荣我国智能科学技术事业、增强自主创新能力、建设创新型国家做出应有的贡献。

　　祝《智能科学技术著作丛书》出版,特赋贺诗一首:

智能科技领域广

人机集成智能强

群体智能协同好

智能创新更辉煌

中国人工智能学会荣誉理事长

2005 年 12 月 18 日

前　　言

钢铁行业是国民经济的支柱产业,其生产过程的优化对于企业有着重要的现实意义,可以有效降低能耗、提高设备利用率、减少工序提前/滞后加工的成本、提高企业生产效率,进而对国民经济产生深远影响。钢铁生产包含炼铁、炼钢-连铸和热轧三个主要生产过程,每个生产过程又包含多个加工阶段,每个加工阶段都需要使用多种并行加工设备。因而,可以把钢铁生产的主要过程看做包含多种约束条件的混合流水车间调度(HFS)问题。

钢铁生产中存在大量混合流水调度优化问题,这些优化问题直接影响钢铁生产企业的生产效率,提高优化质量有利于企业提高经济效益和社会效益。目前,研究钢铁企业生产调度的文献或者对生产环节中某个加工阶段中的 HFS 问题开展研究,或者缺乏对实际生产约束条件的考虑,或者由于算法所限不能解决大规模生产调度问题。近年来,人工蜂群算法得到了广泛研究,并在连续优化和调度优化中表现了良好性能,一些局部搜索算法,如禁忌搜索算法、迭代贪心算法等进一步提高了算法搜索能力。综合当前算法研究现状可知,上述群体智能优化算法或局部搜索算法或者应用于求解经典的 HFS 问题而不能考虑实际生产约束,或者只考虑算法本身的改进而不能直接应用于求解钢铁企业生产调度问题。

本书针对炼铁、炼钢-连铸、热轧等生产环节的 HFS 问题,分别建立混合整数规划模型,研究问题的先验知识和结构特性,探索人工蜂群优化算法解决调度问题的关键理论与技术,提出一系列具有创新性的优化调度理论,并设计多种高效的调度方法。

本书是作者多年来针对相关问题的研究成果,也是对国家自然科学基金资助项目的总结和应用。本书的研究内容吸收了作者近几年的论文成果。需要指出的是,本书反映了课题组的阶段性研究成果,作为研究对象的钢铁生产调度问题十分复杂,且约束条件和优化目标处于不断变化之中,因此本书不足之处在所难免。

感谢国家自然科学基金支持,感谢东北大学、聊城大学的师生为本书提供的素材和宝贵的资料。感谢桑红燕、韩玉艳、王存刚、亓民勇等老师,以及王永、宁尚彬、位通、陈庆达、张彪等研究生承担了本书初稿的文字整理、修改等工作。

李俊青

2017 年 4 月

目　　录

第 1 章   基 本 知 识

钢铁行业是国民经济的支柱产业,其生产过程的优化对于企业有着重要的现实意义,可以有效降低能耗、提高设备利用率、减少工序提前/滞后加工的成本,提高企业生产效率,进而对国民经济产生深远影响。钢铁生产包含炼铁、炼钢-连铸和热轧三个主要生产过程,每个生产过程又包含多个加工阶段,每个加工阶段都需要使用多种并行加工设备。因而,可以把钢铁生产的主要过程看做包含多种约束条件的混合流水车间调度(hybrid flowshop scheduling,HFS)问题。

为便于理解本书阐述的问题和方法,首先需要介绍相关的基本知识。为此,本章将简要介绍 HFS 问题和优化方法的基本知识。

1.1   混合流水车间调度问题

经典 HFS 问题属于 NP 难问题,目标的搜索涉及解空间的组合爆炸,因而传统的精确求解算法难以应用于较大规模 HFS 问题的求解过程[12-18]。由于增加了特定的实际生产约束,实际钢铁生产过程存在的多约束 HFS 问题变得更为复杂,因而相比传统的 HFS 问题难度更大[1-11]。同时,多约束 HFS 问题具有良好的结构特征,智能优化算法可以有效利用这些约束特征、目标特点和问题结构特征,有助于设计出为实际钢铁生产中 HFS 问题求解的算法框架。

钢铁生产总流程如图 1-1 所示。其中,炼铁生产过程包括高炉生产、前扒渣处理、脱硫/脱磷处理、后扒渣处理、倒罐五个加工工序[19]。铁水分为普通铁水和特殊类型铁水两种,特殊类型铁水必须经过全部加工阶段,而普通铁水则需要根据前扒渣和后扒渣加工阶段中加工设备的处理能力动态选择是否跳跃这两个加工阶段。炼钢-连铸加工过程包括炼钢、精炼、连铸三道工序[11]。在连铸阶段,各个浇次的炉次必须连续加工。热轧过程是将连铸机产出的板坯加工为形状和规格符合特定要求的产品,一般为钢卷。在进行热轧加工之前,绝大多数板坯需要在加热炉中加热到一定温度才能进行后续加工。因而,热轧过程中保温要求比较高,如何降低热轧过程中的能耗成为企业提高竞争力的关键环节[20]。另外,炼钢-连铸是钢铁生产的核心,也是影响整个生产过程的关键环节,因而研究动态生产环境下的炼钢-连铸重调度问题具有重要的理论和实践价值。

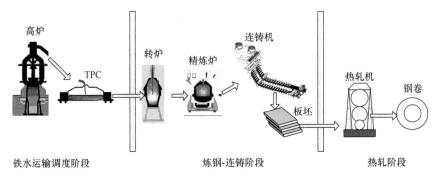

高炉　　TPC　　转炉　　精炼炉　　连铸机　　板坯　　热轧机　　钢卷

铁水运输调度阶段　　　　　　　　炼钢-连铸阶段　　　　　　　　热轧阶段

图 1-1　钢铁生产总流程示意图

综上所述,研究钢铁生产中 HFS 问题具有重要的现实意义。本书将针对静态生产环境下的铁水运输调度、炼钢-连铸、热轧等生产环节中存在的 HFS 问题,以及动态生产环境下的炼钢-连铸重调度问题,采用人工蜂群算法(artificial bee colony algorithm,ABC 算法)开展研究。

1.1.1　HFS 问题建模

经典 HFS 问题描述如下:假设有 m 个加工中心,每个加工中心有 m_k 个并行加工机床,有 n 个工件,每个工件包含 m 个加工工序 O_{jk},O_{jk} 在加工中心 k 的 m_k 个并行加工机床中选择唯一一个可用机床进行加工。HFS 问题下标及变量含义如下:

j:工件下标($j=1,2,\cdots,n$)。

k:加工阶段下标($k=1,2,\cdots,m$)。

$m_k \geqslant 1$ 表示第 k 个加工中心并行机床的数量。

i:机床下标($i=1,2,\cdots,m_k$)。

$M=\{1,2,\cdots,m\}$ 表示 m 个加工中心或阶段。

$J=\{1,2,\cdots,n\}$ 表示 n 个加工工件。

O_{jk} 表示工件 j 在加工中心 k 的工序。

$p_{jk} \geqslant 0(j=1,2,\cdots,n, k=1,2,\cdots,m)$ 表示工件 j 在加工中心 k 的加工时间。

每个加工机床在同一时间内只能加工一个工件;每个工件在同一时间内只能选择一个加工机床。

$S_{j,k} \geqslant 0(j=1,2,\cdots,n, k=1,2,\cdots,m)$ 表示工序 O_{jk} 在第 k 个加工中心的开工时间,其满足如下两个条件:

① $S_{j,k} \geqslant S_{j,k-1}+p_{j,k-1}, j=1,2,\cdots,n, k=2,3,\cdots,m$;

② $S_{\pi_{ki}(s),k} \geqslant S_{\pi_{ki}(s-1),k}+p_{\pi_{ki}(s-1),k}, s=2,3,\cdots,n_{ki}, k=1,2,\cdots,m, i=1,2,\cdots,m_k$。

其中,条件①是工件加工顺序约束;条件②表示机床加工顺序约束。

$C_{j,k} \geqslant 0 (j=1,2,\cdots,n, \ k=1,2,\cdots,m)$ 表示工序 O_{jk} 在第 k 个加工中心的完工时间。

J_{ki} 表示分配给加工中心 k 的第 i 个机床的工件集合。

$J_k = \{J_{k1}, J_{k2}, \cdots, J_{km_k}\} (J_{ki_1} \bigcap J_{ki_2} = \varnothing, \ i_1 \neq i_2, \ i_1, i_2 = 1, 2, \cdots, m_k)$ 表示分配给加工中心 k 的工件集合。

$J = \bigcup\limits_{i=1}^{m_k} J_{ki}$ 表示所有加工工件的集合。

$\pi_{ki} = (\pi_{ki}(1), \pi_{ki}(2), \cdots, \pi_{ki}(n_{ki}))$ 表示分配到加工中心 k 的第 i 个机床进行加工的工件的一个排列,其中 $n_{ki} = |J_{ki}|$。

$\pi_k = (\pi_{k1}, \pi_{k2}, \cdots, \pi_{km_k})$ 表示加工中心 k 的所有工件排列;$\pi = (\pi_1, \pi_2, \cdots, \pi_m)$ 则表示全部工件的排列。

π 也包含了机床分配信息,因为 $J_k = \{\pi_{k1}, \pi_{k2}, \cdots, \pi_{kn_{ki}}\}$,其中 π_{k1} 表示分配到加工中心 k 的第 1 个机床的工件集合,以此类推,π_{km_k} 表示分配到加工中心 k 的第 n_{ki} 个机床的工件集合。

x_{ijk} 为 0/1 变量,在加工阶段 i,如果工件 j 选择机床 k 进行加工,则 $x_{ijk}=1$;否则,$x_{ijk}=0$。

y_{ijhk} 为 0/1 变量,在加工阶段 i,如果工件 j 和 h 在同一个机床上加工,并且 j 是 h 的紧前工件,则 $y_{ijhk}=1$;否则,$y_{ijhk}=0$。

$C_{\max}(\pi^*) = \min\limits_{\pi \in II} C_{\max}(\pi)$ 表示最小的完工时间,其中,$C_{\max}(\pi) = \max_{1 \leqslant j \leqslant n}(S_{j,m} + p_{j,m})$ 表示排列 π 的最大完工时间,II 表示所有排列的集合。

$II = \{\pi = (\pi_1, \pi_2, \cdots, \pi_m) : \pi_k = (\pi_{k1}, \pi_{k2}, \cdots, \pi_{kn_k}), (\pi_{ki} \in P(J_{ki}), i \in M_k)\}$,其中 $P(X)$ 表示集合 X 的所有排列序列集合。

$$C_{\pi_{ki}(j),k} = \max\{C_{\pi_{ki}(j),k-1}, C_{\pi_{ki}(j-1),k}\} + p_{\pi_{ki}(j),k}$$

其中,$j=1,2,\cdots,n; k=1,2,\cdots,m; i=1,2,\cdots,m_k$。

有了上述符号,HFS 问题的模型建立如下:

$$\min C_{\max} = \max\limits_{1 \leqslant j \leqslant n} C_{j,m} \tag{1.1}$$

s. t.

$$S_{j,k} \geqslant S_{j,k-1} + p_{j,k-1}, \quad j=1,2,\cdots,n, \quad k=2,3,\cdots,m \tag{1.2}$$

$$S_{\pi_{ki}(s),k} \geqslant S_{\pi_{ki}(s-1),k} + p_{\pi_{ki}(s-1),k}, \quad s=2,3,\cdots,n_{ki}, \quad k=1,2,\cdots,m,$$
$$i=1,2,\cdots,m_k \tag{1.3}$$

$$S_{j,k} \geqslant 0, \quad j=1,2,\cdots,n, \quad k=1,2,\cdots,m \tag{1.4}$$

$$C_{j,k} \geqslant 0, \quad j=1,2,\cdots,n, \quad k=1,2,\cdots,m \tag{1.5}$$

$$p_{jk} \geqslant 0, \quad j=1,2,\cdots,n, \quad k=1,2,\cdots,m \tag{1.6}$$

其中,不等式约束(1.2)描述属于同一工件的工序间的先后约束关系,不等式约束

(1.3)限制同一个机床上有紧前关系的工件间不允许出现加工时间重叠,不等式约束(1.4)～约束(1.6)限定了变量的取值范围。

1.1.2　HFS 问题复杂性分析

HFS 问题是经典流水线调度问题(FSP)的特例。对于带有两个加工中心,每个加工中心只有一台加工机床的 FSP($F_2(1,1)//C_{max}$),文献[21]证明其时间复杂度为 $O(nlogn)$,其中 n 为工件数目。Garey 和 Johnson[21]证明最小化 makespan 目标的 HFS 问题是 NP-C(NP-complete)问题。Tran[22]证明,对于包含两个加工中心,第二个加工中心的机床有指定分配(dedicated machines)约束的 HFS 问题($F_2(P_{k=1}^2)/prmt/C_{max}$),是一个一元 NP-C 问题。Yang[23]证明第一个加工中心包含机床指派约束,最小化总流经时间为目标的两阶段 HFS 问题($F_2(P2d,1)//\sum C_j$)是 NP 难问题。

针对 m 个加工中心的 HFS 问题,Quadt 和 Kuhn[24]证明带有批加工(batch)、工件跳跃的 HFS 问题($F_m,P_{k=1}^m/skip,batch/\overline{F},cost$)是 NP 难问题。Ruiz 等[25]证明包含机床可用约束(machine availability)和工件跳跃(job skipping)约束的混合柔性流水线问题(hybrid flexible flow line problem,HFFL)($F_m,P_{k=1}^m/skip,rm,lag,S_{sd},M_j,prec/C_{max}$)是一个 NP 难问题。文献[26]证明最小化滞后惩罚(tardiness)目标的 HFS 问题($F_m,P_{k=1}^m/skip/\overline{T}$)是一个 NP 难问题。文献[27]针对带有多处理器加工的 HFS 问题 $F_m,P_{k=1}^m/size_{ij}/C_{max}$,其中,$F_m,P_{k=1}^m$ 表示并行机器加工环境,$size_{ij}$ 表示多处理器加工特性,C_{max} 表示最小化 makespan 目标,证明其是一个强 NP 难问题。Naderi 等[28]证明带有序列相关启动时间约束,以最小化平均流经时间(flow time)和平均推迟时间(tardiness)的多阶段 HFS 问题($F_m,P_{k=1}^m/S_{sd}/\overline{F},\overline{T}$)是 NP 难问题。Tavakkoli-Moghaddam 等[29]证明带有加工阻塞(block)、工件跳跃的 HFS 问题($F_m,P_{k=1}^m/skip,block,reentry/C_{max}$)是 NP 难问题。Jungwattanakit 等[30]证明带有启动时间约束,最小化 makespan 和交货日期惩罚的 HFS($F_m,P_{k=1}^m/S_{sd},r_j/\alpha C_{max}+(1-\alpha)\overline{U}$)是 NP 难问题。文献[31]证明带有有限缓冲区的 HFS 问题($F_m,P_{(k=1)}^m/buffer/\overline{F}$)是 NP 难问题。

1.1.3　关键路径

1. 关键路径描述

析取图是描述调度问题的一种常用方式[12],对于析取图 $G_\pi=(N,T\cup E(\pi))$,其中 $N=J\times M$ 表示节点集合,$T\cup E(\pi)$ 表示连线集合:

$$T=\bigcup_{j=1}^{n}\bigcup_{k=2}^{m}\{(j,k-1),(j,k)\} \qquad (1.7)$$

$$E(\pi)=\bigcup_{k=1}^{m}\bigcup_{i=1}^{m_k}\bigcup_{j=1}^{n_{ki}}\{(\pi_{ki}(j-1),k),(\pi_{ki}(j),k)\} \tag{1.8}$$

其中，$(j,k)\in N$，权重为 $p_{j,k}$。T 中的连线表示工件工序之间的加工次序关系，$E(\pi)$ 中的连线表示同一加工机床上的工序加工次序关系。

关键路径定义为析取图中最长的路径[12,32]，如图 1-2 所示，关键路径为 $\{\{O_{11},O_{21},O_{31}\},\{O_{32}\},\{O_{33}\}\}$。关键块 block 表示在关键路径上，处于同一个加工机床连续加工的工序子序列。如图 1-2 所示，在第一个加工中心的 M_1 机床上，工序 O_{11}，O_{21} 和 O_{31} 构成了一个加工关键块。上例中，关键路径包含三个关键块，分别是 $\{O_{11},O_{21},O_{31}\}$，$\{O_{32}\}$，$\{O_{33}\}$。图 1-3 给出了对应图 1-2 给定的甘特图的析取图表示，图中灰色填充的工序表示关键工序，虚线表示工件工序之间的加工次序关系，实线表示同一加工机床上的工序加工次序关系。

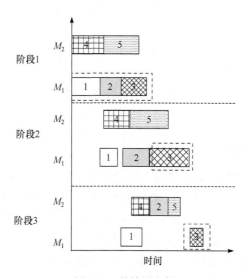

图 1-2 甘特图实例

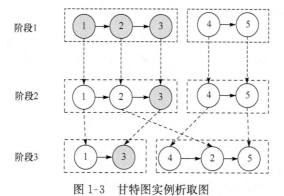

图 1-3 甘特图实例析取图

2. 关键路径基本性质

文献[33]给出了关键路径的四个基本性质。

性质一　每个加工中心,只有一个关键块。

性质二　对某个排列 π 中的位于加工中心 k 上的关键块 $B_k=(n_{k1},\cdots,n_{kb})$,$k=1,2,\cdots,m$,若存在 $C_{\max}(\pi)>C_{\max}(\gamma)$,则对排列 γ 应满足以下条件之一:

(1) 至少有一个工序 $O\in B_k$ 先于关键块 n_{k1} 中的第一个工序加工,其中 $k\in\{2,3,\cdots,m\}$;

(2) 至少有一个工序 $O\in B_k$ 晚于关键块 n_{ks} 中的最后一个工序加工,其中 $k\in\{1,2,\cdots,m-1\}$;

(3) 至少有一个工序 $O\in B_k$ 选择在不同的机床上加工。

性质三　假设 $L_{j,k}=C_{j,k}+Q_{j,k}-p_{j,k}$ 是排列 π 通过节点 (j,k) 的一个最长路径,则 $C_{\max}(\pi)\geqslant L_{j,k}$。

性质四　对于任意的加工中心 k,$C_{\max}(\pi)=\max\limits_{1\leqslant j\leqslant n}L_{j,k}$。

1.2　优　化　算　法

1.2.1　基本人工蜂群算法

在基本人工蜂群算法(ABC 算法)中,食物源(food source)和人工蜜蜂(artificial bees)是基本构成要素。人工蜜蜂又分为三种[33-72],即雇佣蜂(employed bees)、跟随蜂(onlooker bees)和侦察蜂(scout bees)。雇佣蜂的任务是在随机食物源周围进一步挖掘,以便找到更好的食物源;在雇佣蜂把挖掘后的信息带回后,守在蜂巢中的跟随蜂按照一定概率选择较好的食物,进一步搜索挖掘;当某些食物在经过一定周期后,未发生改变,则派出侦察蜂随机搜索新的食物源。

1. ABC 算法控制参数

ABC 算法中基本控制参数包括:解集大小 SN,解无更新而被丢弃的周期大小 L_s,雇佣蜂数目 E_s,跟随蜂数目 O_s,侦察蜂数目 S_s 和终止条件。

2. 初始解集

基本 ABC 算法中,采用随机策略产生初始解集,记 $V_i=\{v_i^1,v_i^2,\cdots,v_i^n\}$ 代表第 i 个食物源,其中 n 表示问题维度大小,每个食物源的产生公式如下:

$$v_i^j=v_{\min}^j+\mathrm{rand}[0,1](v_{\max}^j-v_{\min}^j),\quad j=1,\cdots,n,\quad i=1,\cdots,\mathrm{SN} \qquad (1.9)$$

其中,$V_{\max}^j$ 和 $V_{\min}^j$ 分别表示维度 j 的上限值和下限值。

3. 局部搜索策略

雇佣蜂和跟随蜂采用局部搜索进行食物源的搜索挖掘,基本 ABC 算法中局部搜索策略为:随机找到两个食物源 i 和 k,计算两个食物源在第 j 维度的差值作为更新的部分,其具体计算公式如下:

$$v_{\text{new}}^j = v_i^j + \text{rand}[-1,1](v_i^j - v_k^j) \tag{1.10}$$

其中,$k \in \{1,2,\cdots,\text{SN}\} \wedge i \neq k$。

4. 全局搜索策略

守候在蜂巢中的跟随蜂通过轮盘赌注方法,选择较好的搜索空间继续进行食物源搜索,其计算公式如下:

$$p_i = \frac{f_i}{\sum\limits_{j=1}^{\text{SN}} f_j} \tag{1.11}$$

其中,f_i 表示第 i 个食物源目标值的大小。

5. 基本 ABC 算法收敛性分析

1) 算法的收敛准则

以下给出算法的收敛准则[73-75]。

定义 1.1 给定一个目标函数 f,其解空间是从 R^n 到 R,S 是 R^n 的一个子集。在 S 中某个点 z,使得 f 的值最小化或者至少能够产生函数 f 的一个可接受的近似最优解。

假设 1.1 $f(H(z,\xi)) \leqslant f(z)$,如果 $\xi \in S$,则 $f(H(z,\xi)) \leqslant f(\xi)$。其中 H 是产生一个邻域解的函数。上述假设保证采用 H 函数产生的新的个体优于当前个体。

假设 1.2 对于 S 的任意 Borel 子集 A,如果其测度 $\mu(A) > 0$,则有 $\prod\limits_{i=0}^{\infty}(1-\mu_i[A]) = 0$,式中 $\mu_i[A]$ 是由测度 μ_i 所得到 A 的概率。

定理 1.1 假设目标函数 f 为可测函数,区域 S 是 R^n 的一个可测子集,能够满足假设 1.1 和假设 1.2。设 $\{z_t\}_{t=0}^{\infty}$ 是算法生成的解序列,可得 $\lim\limits_{t \to +\infty} P[z_t \in R_g] = 1$。其中,$P[z_t \in R_\varepsilon]$ 是指在第 t 步由算法生成的解 $z_t \in R_\varepsilon$ 的概率;R_g 表示最优解的子集。

2) 基本 ABC 算法的收敛性分析

文献[73]证明了在基本 ABC 算法中,存在以下定理。

定理 1.2 蜂群状态序列 $\{H(t); t \geqslant 0\}$ 是有限齐次马尔可夫链。

定理 1.3 ABC 算法的马尔可夫链种群序列以概率 1 收敛于全局最优解集

H_{opt},即 $\lim\limits_{t\to+\infty} P\big[H(t)\in H_{opt}\,\big|\,H(0)=S_0\big]=1$。其中,$S_0$ 表示初始解集。

6. ABC 算法研究进展

ABC 算法是由 Karaboga[34]于 2005 年提出的一种新的群体智能优化算法,是模拟蜜蜂寻找食物的过程而演化的仿生过程。自 2005 年以来,ABC 算法已被应用于求解许多优化问题[33-72],对 ABC 算法进行如下文献分析。

1) 针对连续优化问题求解

Yazdani 等[33-72]针对多维数值优化问题,对比了 ABC、DE、PSO 和 EA 等多种算法,验证了 ABC 算法的有效性。Kang 等[38]融合标准单纯形算法和 ABC 算法,用于求解反演分析问题(inverse analysis problem)。Alatas[45]针对全局数值优化问题,给出了混沌 ABC 算法求解。Omkar 等[47]给出了一种多目标 ABC 优化算法,用于求解组合结构的设计问题。Karaboga 和 Akay[50]针对约束优化问题,给出了改进的 ABC 算法。Akay 和 Karaboga[55]设计了一种改进的 ABC 算法,用于求解实参优化问题。研究表明,基本 ABC 算法主要应用于求解连续优化问题,如何采用 ABC 算法解决离散优化问题是一个研究热点。

2) 针对算法改进

Banharnsakun 等[49]改进了基本 ABC 算法中的跟随蜂策略,全局最好解用于在全体解中共享,以提高算法收敛能力。同时,每次迭代过程中,调整蜜蜂的搜索范围半径,提高了算法全局搜索的能力。Karaboga 和 Ozturk[51]针对 ABC 算法进行聚类分析,验证了算法的收敛能力。Ozturk 等[63]结合遗传算子,改进了 ABC 算法的收敛能力和搜索性能。上述算法的改进,仅局限于针对连续优化问题的改进。如何改进 ABC 算法,使之更好地优化离散问题,亟待有效解决。

3) 针对优化调度问题求解

近年来,ABC 算法被广泛用于求解各种优化调度问题,典型的应用包括资源有限的项目调度问题[39]、带有时间窗的旅行商问题[42]、低空航空器目标识别问题[43]、无人作战飞行器路径规划问题[44]、可靠性冗余分配问题[46]、设计和制造中的鲁棒优化问题[68]等。上述文献针对不同的优化调度问题,给出了不同的 ABC 算法策略。如何结合问题特征分析问题先验知识,设计自适应的算法框架,尚待进一步研究。

在求解车间调度问题中,ABC 算法也得到了一定应用。Huang 和 Lin[52]针对开放车间调度问题,给出了基于空闲时间过滤机制的 ABC 算法。针对平行机调度问题,Yazdani 等[33]给出了改进的数学模型,并采用 ABC 算法进行求解。针对批量流水线车间调度问题,Pan 等[53]给出了自适应邻域结构的 ABC 算法框架;Sang 等[57]研究了最小化总流经时间的批量流水线调度问题;Al-Salamah[66]则针对不同批次大小的单机批量调度问题,给出了基于约束二进制的 ABC 算法。针对混合流水车间调度问题,Li 等[76]研究了单批加工和批量加工两种情形;文献[77]解决了半导体生产过程中存在的混合流水线调度问题;Cui 和 Gu[68]给出了一种改进的 ABC 算法。针对柔性作业车间调度问题:Li 等[54]给出了基于 Pareto 文档集的多目标 ABC 算法;进一步,文献[60]设计了一种多目标 ABC 优化算法,用于求解带设备维修约束的柔性作业车间调度问题(flexible job shop scheduling problem, FJSP);Gao 等[61]则研究了带有订单插入的 FJSP。Pan 等[4]针对钢铁企业炼钢-连铸生产调度问题,给出了一种混合 ABC 优化算法。晏晓辉等[59]则针对铜板带熔铸作业调度问题,给出了一种多目标 ABC 算法。Sundar 等[72]针对无等待作业车间调度问题,给出了多种邻域结构的 ABC 算法。上述文献针对 ABC 求解离散优化调度问题,给出了不同的策略。然而,这些文献对实际生产约束尚缺乏综合考虑,因而无法直接应用于求解现实调度问题。结合实际生产约束,挖掘问题特征、约束条件、目标特点,进而设计适合问题的优化算法框架,是进一步研究的热点。

1.2.2 迭代贪心算法的研究

迭代贪心(iterated greedy,IG)算法是一种比较有效的局部搜索算法,近年来在优化邻域得到了广泛关注和研究[78-96]。Ruiz 和 Stützle[78]采用 IG 算法求解置换流水线调度问题(permutation flowshop scheduling problem),算法采用析构(destruction)和构造(construction)两种算子,有效提高了求解质量。IG 算法可以直接应用于求解离散调度问题,因而得到了广泛应用。

1. IG 算法

IG 算法基本流程:由一个初始解开始,通过循环析构和构造的过程搜索最优。析构过程用来删除解的某些部分或元素,构造过程用于使用贪心策略填充当前解的剩余部分。构造的新解通过某种评价准则计算其目标值,之后新解与旧解进行比较,以产生下一次迭代的初始解。具体算法流程如算法 1.1 所示。

```
算法 1.1  IG 算法
    s0 = GenerateInitialSolution;           //产生初始解
    s = LocalSearch(s0);                     //可选,进行局部搜索
    Repeatet
        sp = Destruction(s)                  //析构过程
        s' = Construction(sp)                //构造过程
        s' = LocalSearch(s')                 //optional,局部搜索过程
        s = AcceptanceCriterion(s,s')        //按照某种接受准则产生下一代初始解
    Until termination condition met          //迭代条件是否满足
End
```

2. IG 算法求解单目标优化问题

近年来,IG 算法在求解单目标优化问题中得到了一定应用,典型应用包括:无等待约束的流水车间调度问题[79]、并行设备调度问题[80,81,84,85]、最大分散度问题[82]、顶点覆盖问题[83]、阻塞车间调度问题[86]、带时间窗的旅行商问题[87]、无空闲置换流水线调度问题[88]等。上述文献仅考虑单目标调度问题,在多目标优化问题中的算法性能尚待检验。

3. IG 算法求解多目标优化问题

Ruiz 和 Stützle[89]研究了带有序列相关启动时间约束的流水车间调度问题,采用 IG 算法优化 makespan 和 tardiness 两个目标。Minella 等[90]针对多目标流水线调度问题,给出了一种基于 Pareto 文档集的 IG 算法。Ying 等[91]则给出了一种基于 Pareto 文档集的 IG 算法策略,用于求解双目标重入型混合流水线调度问题。上述文献考虑双目标优化问题,采用 Pareto 文档集存储形式。然而,现实生产中往往存在多个目标,采用 Pareto 文档集求解性能尚待进一步检验。

4. IG 算法混合策略

Tasgetiren 等[92]针对无空闲置换流水线调度问题,给出了一种变邻域 IG 和差分进化相结合的混合算法。García-Martínez 等[93]研究了二次背包问题,并给出了禁忌加强的 IG 算法(tabu-enhanced iterated greedy algorithm)策略。类似的,Ding 等[95]针对无等待流水线调度问题,给出了一种基于禁忌重构的 IG 算法。进一步,Fernandez-Viagas 和 Framinan[94]针对分布式置换流水线调度问题,给出了一种基于边界搜索(bounded-search)的 IG 算法策略。Quevedo-Orozc 和 Ríos-Mercado[96]则针对顶点能力有限的 p-中心问题,给出了一种变邻域下降的 IG 算法。算法混合是进一步改进 IG 算法性能的研究热点,上述文献取得了一定的研究进展。混合优化算法如何应用于求解现实生产调度问题,尚待进一步研究。

1.2.3　禁忌搜索算法的研究

禁忌搜索(tabu search,TS)算法最早由 Glover 等[97-129]提出,是一种带有灵活存储结构和禁忌准则的局部邻域搜索方法。近年来,TS 算法已被广泛应用到求解各种优化问题。TS 算法的基本流程如算法 1.2 所示。

算法 1.2 TS算法

　　给定一个可行解 x^* 与其目标函数值 $z^* = z(x^*)$，令 $x = x^*$，禁忌表 TableList $= \phi$，$y = \phi$。

循环：

While 结束条件不满足 do

　　Begin

　　(1) 生成 x 的邻域 $N(x)$。

　　(2) 生成候选解集：

　　　　从 x 的邻域 $N(x)$ 中找出一定数量的解作为候选解集合 $C(x)$。

　　(3) 搜索：

　　　　While $C(x) \neq \phi$, and 未选出最优解 y (即 $y = \phi$) do

　　　　(i) 从 $C(x)$ 选出最优解 y。

　　　　(ii) If $y \in$ TableList then

　　　　　　令 $C(x) = C(x) - y$, $y = \phi$；

　　　　　　else

　　　　　　　If $z(y) > z^*$ then //$z(y) > z^*$ 表示解 y 优于当前最好解

　　　　　　　　　$z^* = z(y)$,　$x^* = y$

　　　　　　End if

　　　　　End if

　　　　End while

　　(4) 禁忌表更新。

　　　　If 找到最优解 y then

　　　　　　把 x 插入 TabuList 中，令 $x = y$

　　　　End if

End while

1. TS 算法求解多种优化问题

　　TS算法在各种优化问题中得到了广泛应用，包括：车辆路径优化问题[102,111]、护士排班优化问题[103]、多极小点的经济调度问题[104]、分时排班问题[105]、设施选址问题[106,113]、集装箱码头装卸作业的调度控制问题[107]、粗糙集理论中的属性约简问题[108]、二维装载车辆路径问题[109]、课程表优化问题[110]、最大割问题[112]、串行产品生产系统中的缓冲区分配问题[114]、资源约束项目调度问题[115]、聚类问题[116]等。上述文献针对不同优化问题，给出了不同的 TS 算法策略。然而，现实生产中调度问题存在多种约束，上述算法由于忽略许多约束条件而不能直接用于求解多约束的调度问题。

2. TS 算法求解车间调度问题

　　Nowicki 和 Smutnicki[117]针对置换流水线调度问题，给出了一种带有效启发式规则的 TS 算法。Grabowski 和 Wodecki[118]研究了最小化 makespan 的置换流水线调度问题,并给出了一种快速基于 TS 算法的策略。Nowicki 和 Smutnicki[119]针对车间调度问题,给出了基于 TS 算法的求解方法。进一步,Cesaret 等[120]针对订单接收和加工调度优化问题开展基于 TS 算法的研究。文献[120]则研究了混合流水线调度问题,给出了一种并行 TS 算法框架。文献[121]、[122]针对单目标和多目标柔性作业车间调度问题,分别给出了基于 TS 算法的策略,并针对问题特征,设计了不同的启发式规则。上述文献针对调度问题,给出了不同启发式规则,取得了一定的进展。然而,TS 算法是一种局部搜索算法,算法效率需要进一步改进,有效的算法混合是进一步研究的热点。

3. TS 算法混合策略

Glover 等[123]研究了 TS 和遗传算法的混合,验证了算法混合比单一的算法能取得更好的结果。Katsigiannis 等[124]针对独立电力系统与可再生能源的优化问题,给出了一种模拟退火(simulate anneal,SA)和 TS 相混合的算法策略。类似的,文献[125]、[126]采用 TS+SA 混合算法分别求解走廊分配问题和二次指派问题。进一步,Glover 等[127]研究了 TS 与超大规模邻域搜索(VLNS)方法相结合的策略,并用于二次指派问题的优化。Sels 等[128]设计了一种 TS 和分支定界结合的混合算法,用于求解非相关平行机调度额问题。Palacios 等[129]针对模糊柔性作业车间调度问题,给出了一种遗传算法和 TS 相混合的算法策略。上述文献主要考虑 TS 与 SA 或变邻域搜索算法的混合,缺乏对 TS 与群优化算法混合的研究。TS 是一种局部搜索算法,群体智能优化算法(如 ABC 算法)是一种依靠群体进化的算法,两者混合是进一步研究的热点。

1.2.4 现有方法中存在的问题

综合上述文献分析,钢铁生产中存在大量混合流水调度优化问题,这些优化问题直接影响钢铁生产企业的生产效率,提高优化质量有利于企业提高经济效益和社会效益。分析当前相关研究文献,主要存在的问题如下。

(1)在铁水运输调度 HFS 问题研究中,存在以下问题:如何结合问题特征挖掘问题先验知识,考虑工序可动态选择跳跃特定加工阶段约束条件,设计有效的编码和解码策略;如何基于问题知识设计启发式规则,进而改善给定调度方案;如何设计不同的邻域结构以提高算法全局搜索的能力;如何进一步提高算法的局部搜索能力。

(2)在炼钢-连铸 HFS 问题研究中,存在以下问题:如何结合问题特点、目标特征和约束条件,即连铸约束和设备维修加工约束,对问题建模;如何设计有效的编码;如何设计考虑机床维修时间约束的有效解码策略;如何设计多邻域结构和自适应邻域选择机制,以有效平衡算法全局和局部搜索能力。

(3) 在热轧过程 HFS 问题研究中,存在以下问题:如何结合问题特征考虑有限缓冲区约束,建立问题模型;如何设计有效的编码和解码策略;如何设计结合问题特征的邻域结构,以提高算法的全局和局部搜索能力。

(4) 在炼钢-连铸重调度问题研究中,存在以下问题:如何综合考虑设备随机故障和工件加工时间随机变化两种常见突发事件,建立问题模型;如何同时优化以下五个生产目标,即平均滞留时间、提前/滞后惩罚值、断浇惩罚和系统不稳定量;如何设计有效的编码和解码策略;如何有效平衡算法的全局和局部搜索能力。

(5) 在算法设计研究中,存在以下问题:如何结合实际问题约束条件、目标特点和问题特征,设计适合问题的编码和解码策略;如何设计适合问题适应性地貌的邻域结构,在算法进化的不同阶段,自适应选择不同的邻域结构,以提高算法的全局搜索能力;如何进一步融合多种算法,如群体智能优化算法与局部搜索算法的结合,以进一步提高算法搜索效率。

总之,综合研究钢铁生产三个主要生产阶段,即铁水运输调度、炼钢-连铸、热轧中的 HFS 问题,结合静态和动态两种生产环境,并采用群体智能优化算法和局部搜索算法策略,进一步提高算法求解质量,减少钢铁生产调度中能量损耗、缩减加工时间、提高生产设备利用率等,这些问题亟待有效解决。

参 考 文 献

[1] Tang L,Liu J,Rong A,et al. A mathematical programming model for scheduling steelmaking-continuous castingproduction [J]. European Journal of Operational Research, 2000, 120(2):423-435.

[2] Tang L,Luh P B,Liu J,et al. Steel-making process scheduling using Lagrangian relaxation[J]. International Journal of Production Research,2002,40(1):55-70.

[3] Xuan H,Tang L. Scheduling a hybrid flowshop with batch production at the laststage[J]. Computers & Operations Research,2007,34(9):2718-2733.

[4] Pan Q K,Wang L,Mao K,et al. An effective artificial bee colony algorithm for a real-world hybrid flowshop problem in steelmaking process[J]. IEEE Transactions on Automation Science and Engineering,2013,10(2):307-322.

[5] Sun L,Luan F. Near optimal scheduling of steel-making and continuous casting process based on charge splitting policy[J]. IFAC-PapersOnLine,2015,48(3):1610-1615.

[6] Tang L,Zhao Y,Liu J. An improved differential evolution algorithm for practical dynamic scheduling in steelmaking-continuous casting production[J]. IEEE Transactions on Evolutionary Computation,2014,18(2):209-225.

[7] Jiang S,Liu M,Hao J,et al. A bi-layer optimization approach for a hybrid flow shop scheduling problem involving controllable processing times in the steelmaking industry[J]. Comput-

ers & Industrial Engineering,2015,87:518-531.

[8] Mao K,Pan Q,Pang X,et al. A novel Lagrangian relaxation approach for a hybrid flowshop scheduling problem in the steelmaking-continuous casting process[J]. European Journal of Operational Research,2014,236(1):51-60.

[9] Mao K,Pan Q,Pang X,et al. An effective Lagrangian relaxation approach for rescheduling a steelmaking-continuous casting process [J]. Control Engineering Practice,2014,30:67-77.

[10] Mao K,Pan Q,Chai T,et al. An effective subgradient method for scheduling a steelmaking-continuous casting process [J]. IEEE Transactions on Automation Science and Engineering,2015,12(3):1-13.

[11] 毛坤. Lagrange 松弛水平优化方法及其在炼钢-连铸生产调度问题中的应用研究[D]. 沈阳:东北大学,2014.

[12] 王凌. 车间调度及其遗传算法[M]. 北京:清华大学出版社,2003.

[13] 王凌,刘波. 微粒群优化与调度算法[M]. 北京:清华大学出版社,2008.

[14] 潘全科,高亮,李新宇. 流水车间调度及其优化算法[M]. 武汉:华中科技大学出版社,2013.

[15] 王万良,吴启迪. 生产调度智能算法及应用[M]. 北京:科学出版社,2007.

[16] Pinedo M. Scheduling:Theory,Algorithms and Systems[M]. 3rd. New York:Springer-Verlag,2008.

[17] Wegener I. Complexity Theory:Exploring the Limits of Efficient Algorithms [M]. Berlin:Springer,2005.

[18] 宋存利. 生产调度问题及其智能优化算法研究[D]. 大连:大连理工大学,2011.

[19] 黄辉. 炼铁-炼钢区间铁水优化调度方法及应用[D]. 沈阳:东北大学,2013.

[20] 宁树实. 炼钢-连铸-热轧一体化生产调度研究及应用[D]. 大连:大连理工大学,2006.

[21] Garey M R,Johnson D S,Sethi R. The complexity of flowshop and jobshop scheduling[J]. Mathematics of Operations Research,1976,1(2):117-129.

[22] Tran T H,Ng K M. A hybrid water flow algorithm for multi-objective flexible flow shop scheduling problems[J]. Engineering Optimization,2013,45(4):483-502.

[23] Yang J. Minimizing total completion time in a two-stage hybrid flow shop with dedicated machines at the firststage[J]. Computers & Operations Research,2015,58:1-8.

[24] Quadt D,Kuhn H. A taxonomy of flexible flow line schedulingprocedures[J]. European Journal of Operational Research,2007,178(3):686-698.

[25] Ruiz R,Şerifoğlu F S,Urlings T. Modeling realistic hybrid flexible flowshop scheduling problems[J]. Computers & Operations Research,2008,35(4):1151-1175.

[26] Chamnanlor C,Sethanan K,Gen M,et al. Embedding ant system in genetic algorithm for re-entrant hybrid flow shop scheduling problems with time window constraints[J]. Journal of Intelligent Manufacturing,2015:1-7,doi:10. 1007/s10845-015-1078-9.

[27] Niu Q,Zhou T,Ma S. A quantum-inspired immune algorithm for hybrid flow shop with makespan criterion [J]. Journal of Universal Computer Science,2009,15:765-785.

[28] Naderi B,Zandieh M,Ghomi S M T F. A study on integrating sequence dependent setup

time flexible flow lines and preventive maintenance scheduling[J]. Journal of Intelligent Manufacturing,2009,20(6):683-694.

[29] Tavakkoli-Moghaddam R,Safaei N,Sassani F. A memetic algorithm for the flexible flow line scheduling problem with processor blocking[J]. Computers & Operations Research, 2009,36(2):402-414.

[30] Naderi B,Gohari S,Yazdani M. Hybrid flexible flowshop problems:Models and solution methods[J]. Applied Mathematical Modelling,2014,38(24):5767-5780.

[31] Wang X,Tang L. A tabu search heuristic for the hybrid flowshop scheduling with finite intermediate buffers[J]. Computers & Operations Research,2009,36(3):907-918.

[32] 项洁,周炳海. 基于 DBR-GA 的混合流水车间调度方法[J]. 计算机集成制造系统,2012, 18(11):2485-2491.

[33] Yazdani M,Gohari S,Naderi B. Multi-factory parallel machine problems:Improved mathematical models and artificial bee colony algorithm[J]. Computers & Industrial Engineering, 2015,81:36-45.

[34] Karaboga D. An idea based on honey bee swarm for numerical optimization[R]. Technical Report TR06, Erciyes University, Engineering Faculty, Computer Engineering Department,2005.

[35] Karaboga D,Basturk B. On the performance of artificial bee colony (ABC) algorithm[J]. Applied Soft Computing,2008,8(1):687-697.

[36] Karaboga D,Akay B. A comparative study of artificial bee colonyalgorithm[J]. Applied Mathematics and Computation,2009,214(1):108-132.

[37] Karaboga N. A new design method based on artificial bee colony algorithm for digital IIRfilters[J]. Journal of the Franklin Institute,2009,346(4):328-348.

[38] Kang F,Li J,Xu Q. Structural inverse analysis by hybrid simplex artificial bee colony algorithms[J]. Computers & Structures,2009,87(13):861-870.

[39] Shi Y J,Qu F Z,Chen W. An Artificial Bee Colony with Random Key for Resource-constrained Project Scheduling[M]//Life System Modeling and Intelligent Computing. Berlin: Springer,2010:148-157.

[40] Sabat S L,Udgata S K,Abraham A. Artificial bee colony algorithm for small signal model parameter extraction of MESFET[J]. Engineering Applications of Artificial Intelligence, 2010,23(5):689-694.

[41] Marinaki M,Marinakis Y,Zopounidis C. Honey bees mating optimization algorithm for financial classification problems[J]. Applied Soft Computing,2010,10(3):806-812.

[42] López-Ibáñez M,Blum C. Beam-ACO for the travelling salesman problem with time windows[J]. Computers & Operations Research,2010,37(9):1570-1583.

[43] Xu C,Duan H. Artificial bee colony(ABC)optimized edge potential function(EPF)approach to target recognition for low-altitude aircraft[J]. Pattern Recognition Letters,2010,31(13): 1759-1772.

[44] Xu C,Duan H,Liu F. Chaotic artificial bee colony approach to uninhabited combat air vehicle(UCAV)path planning[J]. Aerospace Science and Technology,2010,14(8):535-541.

[45] Alatas B. Chaotic bee colony algorithms for global numerical optimization[J]. Expert Systems with Applications,2010,37(8):5682-5687.

[46] Yeh W C,Hsieh T J. Solving reliability redundancy allocation problems using an artificial bee colony algorithm[J]. Computers & Operations Research,2011,38(11):1465-1473.

[47] Omkar S N,Senthilnath J,Khandelwal R,et al. Artificial bee colony (ABC) for multi-objective design optimization of composite structures[J]. Applied Soft Computing,2011,11(1):489-499.

[48] Sonmez M. Artificial bee colony algorithm for optimization of truss structures[J]. Applied Soft Computing,2011,11(2):2406-2418.

[49] Banharnsakun A,Achalakul T,Sirinaovakul B. The best-so-far selection in artificial bee colony algorithm[J]. Applied Soft Computing,2011,11(2):2888-2901.

[50] Karaboga D,Akay B. A modified artificial bee colony (ABC) algorithm for constrained optimization problems[J]. Applied Soft Computing,2011,11(3):3021-3031.

[51] Karaboga D,Ozturk C. A novel clustering approach:Artificial bee colony(ABC)algorithm[J]. Applied Soft Computing,2011,11(1):652-657.

[52] Huang Y M,Lin J C. A new bee colony optimization algorithm with idle-time-based filtering scheme for open shop-scheduling problems[J]. Expert Systems with Applications,2011,38(5):5438-5447.

[53] Pan Q K,Tasgetiren M F,Suganthan P N,et al. A discrete artificial bee colony algorithm for the lot-streaming flow shop scheduling problem[J]. Information Sciences,2011,181(12):2455-2468.

[54] Li J Q,Pan Q K,Gao K Z. Pareto-based discrete artificial bee colony algorithm for multi-objective flexible job shop scheduling problems[J]. The International Journal of Advanced Manufacturing Technology,2011,55(9-12):1159-1169.

[55] Akay B,Karaboga D. A modified artificial bee colony algorithm for real-parameter optimization[J]. Information Sciences,2012,192:120-142.

[56] Yeh W C,Hsieh T J. Artificial bee colony algorithm-neural networks for S-system models of biochemical networks approximation[J]. Neural Computing and Applications,2012,21(2):365-375.

[57] Sang H,Gao L,Pan Q. Discrete artificial bee colony algorithm for lot-streaming flowshop with total flowtime minimization[J]. Chinese Journal of Mechanical Engineering,2012,25(5):990-1000.

[58] Yildiz A R. A new hybrid artificial bee colony algorithm for robust optimal design and manufacturing[J]. Applied Soft Computing,2013,13(5):2906-2912.

[59] 晏晓辉,朱云龙,张浩. 基于 MOABC/D 的铜板带熔铸作业调度优化[J]. 计算机集成制造系统,2013,19(10):2528-2535.

［60］ Li J Q,Pan Q K,Tasgetiren M F. A discrete artificial bee colony algorithm for the multi-objective flexible job-shop scheduling problem with maintenance activities[J]. Applied Mathematical Modelling,2014,38(3):1111-1132.

［61］ Gao K Z,Suganthan P N,Chua T J,et al. A two-stage artificial bee colony algorithm scheduling flexible job-shop scheduling problem with new job insertion[J]. Expert Systems with Applications,2015,42(21):7652-7663.

［62］ Habbi H,Boudouaoui Y,Karaboga D,et al. Self-generated fuzzy systems design using artificial bee colony optimization[J]. Information Sciences,2015,295:145-159.

［63］ Ozturk C, Hancer E,Karaboga D. A novel binary artificial bee colony algorithm based on genetic operators[J]. Information Sciences,2015,297:154-170.

［64］ Ali M,Ahn C W,Pant M,et al. An image watermarking scheme in wavelet domain with optimized compensation of singular value decomposition via artificial bee colony[J]. Information Sciences,2015,301:44-60.

［65］ Mansouri P,Asady B,Gupta N. The bisection-artificial bee colony algorithm to solve fixed point problems[J]. Applied Soft Computing,2015,26:143-148.

［66］ Al-Salamah M. Constrained binary artificial bee colony to minimize the makespan for single machine batch processing with non-identical job sizes[J]. Applied Soft Computing,2015,29:379-385.

［67］ Kefayat M,AraA L,Niaki S A N. A hybrid of ant colony optimization and artificial bee colony algorithm for probabilistic optimal placement and sizing of distributed energy resources[J]. Energy Conversion and Management,2015,92:149-161.

［68］ Cui Z,Gu X. An improved discrete artificial bee colony algorithm to minimize the makespan on hybrid flow shop problems[J]. Neurocomputing,2015,148:248-259.

［69］ Ozturk C, Hancer E,Karaboga D. Dynamic clustering with improved binary artificial bee colony algorithm[J]. Applied Soft Computing,2015,28:69-80.

［70］ Mernik M,Liu S H,Karaboga D,et al. On clarifying misconceptions when comparing variants of the artificial bee colony algorithm by offering a new implementation[J]. Information Sciences,2015,291:115-127.

［71］ Deriche R,Fizazi H. The artificial bee colony algorithm for unsupervised classification of meteorological satellite images[J]. International Journal of Computer Applications, 2015, 112(12):28-32.

［72］ Sundar S,Suganthan P N,Jin C T,et al. A hybrid artificial bee colony algorithm for the job-shop scheduling problem with no-wait constraint [J]. Soft Computing, 2015, 2 (15): 1193-1202.

［73］ 肖永豪. 蜂群算法及在图像处理中的应用研究[D]. 广州:华南理工大学,2011.

［74］ Rudolph G. Convergence analysis of canonical genetic algorithms[J]. IEEE Transactions on Neural Networks,1994,5(1):96-101.

［75］ 徐宗本. 计算智能中的仿生学理论与算法[M]. 北京:科学出版社,2003.

[76] Li D, Meng X, Liang Q, et al. A heuristic-search genetic algorithm for multi-stage hybrid flow shop scheduling with single processing machines and batch processing machines[J]. Journal of Intelligent Manufacturing, 2015, 26(5): 873-890.

[77] Lin J T, Chen C M. Simulation optimization approach for hybrid flow shop scheduling problem in semiconductor back-endmanufacturing[J]. Simulation Modelling Practice and Theory, 2015, 51: 100-114.

[78] Ruiz R, Stützle T. A simple and effective iterated greedy algorithm for the permutation flowshop schedulingproblem[J]. European Journal of Operational Research, 2007, 177(3): 2033-2049.

[79] Pan Q K, Wang L, Zhao B H. An improved iterated greedy algorithm for the no-wait flow shop scheduling problem with makespan criterion[J]. The International Journal of Advanced Manufacturing Technology, 2008, 38(7-8): 778-786.

[80] Fanjul-Peyro L, Ruiz R. Iterated greedy local search methods for unrelated parallel machine-scheduling[J]. European Journal of Operational Research, 2010, 207(1): 55-69.

[81] Ying K C, Cheng H M. Dynamic parallel machine scheduling with sequence-dependent setup times using an iterated greedy heuristic[J]. Expert Systems with Applications, 2010, 37(4): 2848-2852.

[82] Lozano M, Molina D, García-Martínez C. Iterated greedy for the maximum diversity problem[J]. European Journal of Operational Research, 2011, 214(1): 31-38.

[83] Bouamama S, Blum C, Boukerram A. A population-based iterated greedy algorithm for the minimum weight vertex cover problem[J]. Applied Soft Computing, 2012, 12(6): 1632-1639.

[84] Ying K C. Scheduling identical wafer sorting parallel machines with sequence-dependent set-up times using an iterated greedy heuristic[J]. International Journal of Production Research, 2012, 50(10): 2710-2719.

[85] Rodriguez F J, Lozano M, Blum C, et al. An iterated greedy algorithm for the large-scale unrelated parallel machines scheduling problem[J]. Computers & Operations Research, 2013, 40(7): 1829-1841.

[86] Pranzo M, Pacciarelli D. An iterated greedy metaheuristic for the blocking job shop scheduling problem[J]. Journal of Heuristics, 2015, 22(4): 587-611.

[87] Karabulut K, Tasgetiren M F. A variable iterated greedy algorithm for the traveling salesman problem with time windows[J]. Information Sciences, 2014, 279: 383-395.

[88] Pan Q K, Ruiz R. An effective iterated greedy algorithm for the mixed no-idle permutation flowshop scheduling problem[J]. Omega, 2014, 44: 41-50.

[89] Ruiz R, Stützle T. An iterated greedy heuristic for the sequence dependent setup times flowshop problem with makespan and weighted tardiness objectives[J]. European Journal of Operational Research, 2008, 187(3): 1143-1159.

[90] Minella G, Ruiz R, Ciavotta M. Restarted iterated pareto greedy algorithm for multi-objective flowshop scheduling problems[J]. Computers & Operations Research, 2011, 38(11):

1521-1533.

[91] Ying K C,Lin S W,Wan S Y. Bi-objective reentrant hybrid flowshop scheduling:An iterated Pareto greedy algorithm[J]. International Journal of Production Research,2014,52(19): 5735-5747.

[92] Tasgetiren M F,Pan Q K,Suganthan P N,et al. A variable iterated greedy algorithm with differential evolution for the no-idle permutation flowshop scheduling problem[J]. Computers & Operations Research,2013,40(7):1729-1743.

[93] García-Martínez C,Rodriguez F J,Lozano M. Tabu-enhanced iterated greedy algorithm:A case study in the quadratic multiple knapsack problem[J]. European Journal of Operational Research,2014,232(3):454-463.

[94] Fernandez-Viagas V,Framinan J M. A bounded-search iterated greedy algorithm for the distributed permutation flowshop scheduling problem[J]. International Journal of Production Research,2015,53(4):1111-1123.

[95] Ding J Y,Song S,Gupta J N D,et al. An improved iterated greedy algorithm with a tabu-based reconstruction strategy for the no-wait flowshop scheduling problem[J]. Applied Soft Computing,2015,30:604-613.

[96] Quevedo-Orozco D R,Ríos-Mercado R Z. Improving the quality of heuristic solutions for the capacitated vertex p-center problem through iterated greedy local search with variable neighborhood descent[J]. Computers & Operations Research,2015,62:133-144.

[97] Glover F. Tabu search—partI[J]. ORSA Journal on computing,1989,1(3):190-206.

[98] Glover F. Tabu search—partII[J]. ORSA Journal on computing,1990,2(1):4-32.

[99] Glover F. Tabu search:A tutorial[J]. Interfaces,1990,20(4):74-94.

[100] Glover F,Laguna M. Tabu Search[M]. New York:Springer,2013.

[101] Nowicki E,Smutnicki C. The flow shop with parallel machines:A tabu search approach [J]. European Journal of Operational Research,1998,106(2):226-253.

[102] Gendreau M,Hertz A,Laporte G. A tabu search heuristic for the vehicle routing problem[J]. Management Science,1994,40(10):1276-1290.

[103] Dowsland K A. Nurse scheduling with tabu search and strategic oscillation[J]. European Journal of Operational Research,1998,106(2):393-407.

[104] Lin W M,Cheng F S,Tsay M T. An improved tabu search for economic dispatch with multiple minima[J]. IEEE Transactions on Power Systems,2002,17(1):108-112.

[105] Burke E K,Kendall G,Soubeiga E. A tabu-search hyperheuristic for timetabling and rostering[J]. Journal of Heuristics,2003,9(6):451-470.

[106] Sun M. Solving the uncapacitated facility location problem using tabusearch[J]. Computers & Operations Research,2006,33(9):2563-2589.

[107] Chen L,Bostel N,Dejax P,et al. A tabu search algorithm for the integrated scheduling problem of container handling systems in a maritime terminal[J]. European Journal of Operational Research,2007,181(1):40-58.

[108] Hedar A R,Wang J,Fukushima M. Tabu search for attribute reduction in rough set theory[J]. Soft Computing,2008,12(9):909-918.

[109] Zachariadis E E,Tarantilis C D,Kiranoudis C T. A guided tabu search for the vehicle routing problem with two-dimensional loading constraints[J]. European Journal of Operational Research,2009,195(3):729-743.

[110] Lu Z,Hao J K. Adaptive tabu search for course timetabling[J]. European Journal of Operational Research,2010,200(1):235-244.

[111] Brandão J. A tabu search algorithm for the heterogeneous fixed fleet vehicle routing problem[J]. Computers & Operations Research,2011,38(1):140-151.

[112] Kochenberger G A,Hao J K,Lü Z,et al. Solving large scale max cut problems via tabusearch[J]. Journal of Heuristics,2013,19(4):565-571.

[113] Escobar J W,Linfati R,Baldoquin M G,et al. A granular variable tabu neighborhood search for the capacitated location-routing problem[J]. Transportation Research Part B: Methodological,2014,67:344-356.

[114] Costa A,Alfieri A,Matta A,et al. A parallel tabu search for solving the primal buffer allocation problem in serial production systems[J]. Computers & Operations Research,2015, 64:97-112.

[115] Poppenborg J,Knust S. A flow-based tabu search algorithm for the RCPSP with transfertimes[J]. OR Spectrum,2015,(1):1-30.

[116] Cao B,Glover F,Rego C. A tabu search algorithm for cohesive clustering problems[J]. Journal of Heuristics,2015,21(4):457-477.

[117] Nowicki E,Smutnicki C. A fast tabu search algorithm for the permutation flow-shop problem[J]. European Journal of Operational Research,1996,91(1):160-175.

[118] Grabowski J,Wodecki M. A very fast tabu search algorithm for the permutation flow shop problem with makespan criterion[J]. Computers & Operations Research,2004,31(11): 1891-1909.

[119] Nowicki E,Smutnicki C. An advanced tabu search algorithm for the job shop problem[J]. Journal of Scheduling,2005,8(2):145-159.

[120] Cesaret B,Oguz C,Salman F S. A tabu search algorithm for order acceptance and scheduling[J]. Computers & Operations Research,2012,39(6):1197-1205.

[121] Li J Q,Pan Q K,Liang Y C. An effective hybrid tabu search algorithm for multi-objective flexible job shop scheduling problems [J]. Computers and Industrial Engineering,2010, 59(4):647-662.

[122] Li J Q,Pan Q K,Suganthan P N,et al. A hybrid tabu search algorithm with an efficient neighborhood structure for the flexible job shop scheduling problem [J]. International Journal of Advanced Manufacturing Technology,2011,59(4):647-662.

[123] Glover F,Kelly J P,Laguna M. Genetic algorithms and tabu search:Hybrids for optimization[J]. Computers & Operations Research,1995,22(1):111-134.

[124] Katsigiannis Y,Georgilakis P S,Karapidakis E S. Hybrid simulated annealing—tabu search method for optimal sizing of autonomous power systems with renewables[J]. IEEE Transactions on Sustainable Energy,2012,3(3):330-338.

[125] Ahonen H,de Alvarenga A G,Amaral A R S. Simulated annealing and tabu search approaches for the Corridor Allocation Problem[J]. European Journal of Operational Research, 2014,232(1):221-233.

[126] Hussin M S,Stützle T. Tabu search vs. simulated annealing as a function of the size of quadratic assignment problem instances[J]. Computers & Operations Research,2014,43: 286-291.

[127] Glover F,Ye T,Punnen A P,et al. Integrating tabu search and VLSN search to develop enhanced algorithms:A case study using bipartite boolean quadratic programs[J]. European Journal of Operational Research,2015,241(3):697-707.

[128] Sels V,Coelho J,Dias A M,et al. Hybrid tabu search and a truncated branch-and-bound for the unrelated parallel machine scheduling problem[J]. Computers & Operations Research, 2015,53:107-117.

[129] Palacios J J,González M A,Vela C R,et al. Genetic tabu search for the fuzzy flexible job shop problem[J]. Computers & Operations Research,2015,54:74-89.

第 2 章　经典混合流水车间调度优化方法

调度问题是工业工程领域中关键的技术问题。混合流水车间调度（HFS）是调度问题的一个特例，属于 NP 难问题，因其广泛存在于生产流程中，已成为近年来的研究热点[1-3]。在 HFS 中，加工流程划分为几个阶段，每个加工阶段由若干同型或异构设备组成。任何一个工件需要严格按照相同的加工顺序依次流经每个加工阶段，到达任意阶段时，可以从多个并行设备中选择一个进行加工。本章针对经典 HFS 问题，采用 ABC 优化算法开展算法研究。

2.1　HFS 问题研究现状

2.1.1　经典 HFS 问题研究现状

按照加工阶段的不同，HFS 一般分为三种类型[3]：两阶段 HFS[4-14]、三阶段 HFS[15-18]和多阶段 HFS[19-43]。

1）两阶段 HFS 问题研究现状

两阶段 HFS 问题是研究其他类型 HFS 问题的基础[4-14]。最早研究两阶段 HFS 问题的是 Gupta，他在文献[4]中研究了一类简单的两阶段 HFS 问题，其中，第一个加工阶段有多个并行加工设备，最后一个加工阶段只有一个加工设备。文献[4]给出的分析结果为后续开展 HFS 问题的研究提供了理论基础。在此之后，基于精确方法的分支定界策略被应用于求解两阶段 HFS 问题中[5,8]。两阶段 HFS 下的多约束问题也得到了进一步研究，如启动时间约束[6]、设备分配规则约束[7,10,14]等。进一步，Haouari 等[9]针对任何阶段带有任意多个并行设备的两阶段 HFS 进行了研究。文献[11]、[13]则研究了如何优化多目标的两阶段 HFS 问题。上述关于两阶段 HFS 问题的文献，为后续研究多阶段 HFS 问题提供了理论基础。但这些研究成果由于缺乏对多阶段 HFS 问题结构特性的研究，无法直接用于解决现实生产中的多阶段调度问题。

2）三阶段 HFS 问题研究现状

三阶段 HFS 问题相比两阶段 HFS 问题有了更广泛的应用背景[15-18]。当前文献主要采用精确方法或启发式规则求解三阶段 HFS 问题，如 Riane 等[15]的启发式规则，文献[18]的基于代理的方法，Carlier 和 Neron[17]的精确算法策略等。需要特别指出的是，文献[17]设计了多个 HFS 问题算例，得到了后续文献的广泛引用。另外,Jin 等[16]针对包含三个加工阶段的印刷电路板 HFS 问题,设计了一种基于遗传算法的策略。上述文献采用启发式规则或智能优化算法解决三阶段 HFS 问题,取得了一定的进展。然而,现实生产中加工阶段一般超过三个,因而上述算法无法直接用于多阶段生产调度中。

3) 多阶段 HFS 问题研究现状

多阶段 HFS 由于更贴近生产实际而成为研究热点。精确算法最初被应用于求解多阶段 HFS 问题,如拉格朗日方法[19]、基于推理的方法[21]等。上述文献基于启发式规则或确定性算法,在求解大规模调度问题中算法性能有所限制。

近年来,智能优化算法在求解多阶段 HFS 问题中得到了广泛应用,其中包括遗传算法[1,22,24,30,32]、免疫(artificial immune,AI)算法[23,28]、蚁群优化算法[25,26]、分布估计算法(estimation of distribution algorithm,EDA)[31]、粒子群优化(particle swarm optimization,PSO)算法[34,35]、迁徙鸟群优化(migrating birds optimization,MBO)算法[39]、ABC 算法[40]、布谷鸟群搜索算法(cuckoo search algorithm,CSA)[38]等。上述文献中涉及的优化算法,有的全局搜索能力强但局部搜索能力弱,有的则反之。如何有效地平衡算法的全局和局部搜索能力,亟待有效解决。

近年来,算法混合已成为研究热点。通过混合不同优化算法,或者优化算法与局部搜索算法相结合,可以在一定程度提升单一优化算法的性能。通过算法混合求解多阶段 HFS 问题的典型文献包括:遗传算法和分支-定界混合的方法[20]、人工免疫和蚁群优化混合算法[41]、蚁群优化和遗传混合算法[43]等。然而,如何综合考虑现实生产调度中目标和问题结构特征,进一步提高算法混合的性能,是相关研究的关键问题之一。

2.1.2　多约束 HFS 问题研究

一些文献针对 HFS 在实际生产中的应用开展了研究。针对无等待或有限等待约束的 HFS 问题,主要求解算法包括拉格朗日方法[44-46]、粒子群优化算法[47,48]、约束规划方法[49]、混合粒子群-NEH 算法[50]、遗传算法和模拟退火混合算法[51]、启发式规则[52]等。上述文献只针对实际生产中的无等待约束进行研究,未考虑其他约束条件,如连续加工约束、动态工序选择约束等,因而无法直接应用于现实调度生产中。文献[53]～[55]研究了带有不同设备加工能力约束的 HFS 问题。文献[56]则针对带批量流约束的 HFS 问题展开了研究。针对实际生产调度问题,Urlings 等[57,58]研究了纺织生产调度问题,并设计了基于变化编码机制的遗传算法框架。Tang 和 Wang[59]针对钢铁生产中 HFS 问题,给出了改进的粒子群优化算法。文献[60]基于船舶分段涂装作业,提炼出具有重入和等待时间约束的 HFS 问题,并给出了一种混合量子粒子群优化算法。文献[61]则针对半导体生产过程 HFS 问题进行了研究。上述文献分别针对特定生产过程,考虑特定约束条件,因而在特定生产应用中取得了良好效果。然而,上述文献缺乏对动态环境中重调度的研究,一旦生产过程发生突发事件,原调度方案将失效或无法执行。

当前,综合考虑多种突发事件,求解 HFS 重调度问题的文献还很少。文献[62]针对带机器故障约束的 HFS 问题,分析了机器发生故障后的两种加工情况,并提出了一种改进离散群搜索优化算法(improved discrete group search optimizer,IDGSO)。该文献只针对流水车间重调度问题,并且没有考虑其他突发事件,如工件加工时间变化等。

由上述文献可见,群体智能优化算法适合于求解多阶段 HFS 问题。然而,现实生产是一个多目标、多约束、动态性的 HFS 过程,上述算法不同程度地忽略了现实生产中的目标和约束,因而无法直接用于实际工业生产中。

2.2　经典 HFS 问题算法研究

2.2.1　问题编码

采用简单工序排列编码方式[1,63,64]。假设问题加工时间和各个加工阶段机床分配情况如表 2-1 所示。给定一个解{4,1,2,5,3},其含义如下:在第一个加工阶段,按照各工件在解中的位置次序先后调度,首先调度工件 J_4,之后调度工件 J_1,最后调度工件 J_3。由于解中没有包含机床选择策略,各个工件按照最早完工机床原则选择相应机床加工:如果有多个机床空闲可用于加工,则选择加工时间最短的;如果只有一个空闲机床,则直接开始在该机床上加工。经过后面各个加工阶段时,各个工件按照在上一个加工阶段完工时间的先后次序,选择相应机床进行加工。对应表 2-1 的 HFS 例子,给定调度甘特图如图 2-1 所示。图 2-1 中,每个工件由一对数字表示,第一个数字对应工件编号,第二个对应加工阶段序号。例如,在机床 M_1 上,第一个加工的是(4,1),对应工件 J_4 在第一个加工阶段选择机床 M_1。最后一个完工的工件 J_5,其完工时间是 30,表示该解对应的目标值是 30。

表 2-1　HFS 示例

工件	机床 M_1	机床 M_2	机床 M_3	机床 M_4	机床 M_5	机床 M_6
J_1	7	7	3	6	6	6
J_2	5	5	4	5	5	5
J_3	3	3	5	7	7	7
J_4	3	3	5	3	3	3
J_5	6	6	8	2	2	2

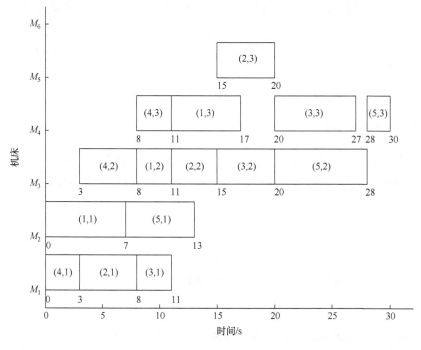

图 2-1　甘特图示例

2.2.2　初始解集的建立

为了提高初始解集的多样性,避免解集的趋同性,采用如下随机解集产生策略。

步骤 1　令 $C_{nt}=1$。

步骤 2　如果 $C_{nt}=\mathrm{SN}$,终止初始过程;否则,随机产生一个解。

步骤 3　如果产生的新解不同于当前解集中的任何解,则插入到当前解集,并设置 $C_{nt}=C_{nt}+1$;否则,忽略该解。

步骤 4　跳转到步骤 2。

2.2.3　邻域结构

结合问题结构特点,设计了 4 种邻域结构,定义如下。

(1) 交换邻域,记为 N_1。产生策略为:在解的长度范围内,随机生成两个符合关键邻域结构的位置,记为 r_1 和 r_2,交换 r_1 和 r_2 对应的工件编号。

(2) 插入邻域,记为 N_2。产生策略为:在解的长度范围内,随机生成两个符合关键邻域结构的位置,记为 r_1 和 $r_2(r_1<r_2)$,把 r_2 对应的工件插入到 r_1 位置。

(3) 翻转邻域,记为 N_3。产生策略为:在解的长度范围内,随机生成两个符合关键邻域结构的位置,记为 r_1 和 r_2($r_1 < r_2$),把 r_1 和 r_2 范围内的所有工件逆序排列。

(4) 序对交换邻域,记为 N_4。产生策略为:①在解的长度范围内,随机生成两个符合关键邻域结构的位置,记为 r_1 和 r_2,令 $i = r_1$,$j = r_2$;②交换位置 i 和 j 对应的工件编号,令 $i = i + 1$,$j = j - 1$,如果 $i \geqslant j$,则停止,否则,循环执行步骤②。

2.2.4 局部搜索策略

本节给出了一种局部搜索策略,用于在给定解周围挖掘可能的较优解。该局部搜索策略用于雇佣蜂、跟随蜂以及侦察蜂搜索食物的过程,具体描述如算法 2.1 所示。

算法 2.1 局部搜索策略

Procedure local_Search()

 输入:当前解 S_c,循环次数 T_i,邻域解集大小 T_n,邻域结构 N_c。

 输出:更新后的解 S_c。

Begin

 步骤 1 令 $k = 0$,若 $k < T_i$,则执行步骤 2～步骤 5,否则,结束局部搜索;

 步骤 2 采用邻域结构 N_c,生成 T_n 个邻域解,并存入邻域解集中;

 步骤 3 计算邻域解集中每个邻域解的目标值,选择最好的邻域解,记为 S_n;

 步骤 4 若 S_n 优于 S_c,则令 $S_{c'} = S_n$,否则,令 $S_{c'} = S_c$,$k = k + 1$;

 步骤 5 返回步骤 1。

End

2.2.5 雇佣蜂策略

雇佣蜂的主要任务是在分配的食物上开展挖掘工作,搜索更好的食物源。基本 ABC 算法中雇佣蜂的操作算子不适合求解调度问题,在改进的离散 ABC 算法中,雇佣蜂的策略如下。

步骤 1 为当前解集中每个食物源分配一个雇佣蜂。

步骤 2 以指定解为当前解 S_c,在 2.2.3 节中给定的 4 种邻域结构中随机选择邻域结构 N_c,执行 2.2.4 节中的局部搜索策略,得到更新后的解 S_c'。

步骤 3 用 S_c' 替换给定的解。

2.2.6 跟随蜂策略

在雇佣蜂挖掘工作结束后,守候着蜂巢的跟随蜂在更新后的解集中以概率选择的方式挑选较优解进一步挖掘搜索。采用轮盘赌注选择方式,需要比较每个解的目标值,因而时间复杂度较高。为了提高算法效率,给出了一种简单的跟随蜂的选择策略,具体描述如下。

步骤 1　在当前解集中随机选择两个解 S_1 和 S_2。

步骤 2　在选中的解中挑选较优解作为当前解 S_c。

步骤 3　随机选择邻域结构 N_c。

步骤 4　执行 2.2.4 节中的局部搜索策略,找到更新后的解 S_c',并替换当前选中解。

2.2.7　侦查蜂策略

结合 HFS 问题特征,给出了三种侦察蜂策略,具体描述如下。

策略一为随机解策略。若解集中某个解 S_c 在指定时间间隔内没有更新,生成一个随机解替换 S_c,并派出侦察蜂进一步挖掘。

策略二为丢弃解策略。若某个解 S_c 在指定时间间隔内没有更新,则对 S_c 进行 10 次邻域扰动,然后派出侦察蜂在扰动后的解上进一步挖掘搜索。

策略三为最好解策略。若解集中某个解 S_c 在指定时间间隔内没有更新,则对最好解进行 10 次邻域扰动,用扰动后的解替换 S_c,然后派出侦察蜂进一步挖掘搜索。

侦察蜂挖掘搜索的过程如下。

步骤 1　随机选择邻域结构 N_c。

步骤 2　任选一种侦查蜂策略,执行 2.2.4 节中的局部搜索策略,找到更新后的解 S_c',并替换当前选中的解。

2.2.8　结合人工蜂群和迭代贪心的混合离散算法

结合人工蜂群和迭代贪心的混合离散(hybrid discrete ABC&IG,HDABC)算法步骤如下所示。

步骤 1　初始化实验参数,生产初始解集。

步骤 2　若终止条件满足,则结束算法;否则,执行步骤 3～步骤 6。

步骤 3　给当前解集中每个解分派雇佣蜂,执行挖掘搜索工作。

步骤 4　分派跟随蜂,进一步挖掘更新后的解集。

步骤 5　如果满足派出侦察蜂的条件,则随机选择一种侦察蜂策略,开展进一步强化搜索。

步骤 6　返回步骤 2。

2.3　实验分析

2.3.1　实验设置

以 VC++6.0 为开发环境,采用 Intel Core i5 3.3GHz CPU、4GB RAM 的计算机,针对 34 个同构 HFS 经典算例和 2 个异构并行机炼钢-连铸现实生产的 HFS 问题,验证所得算法的性能,问题规模从 10 个工件 5 个加工阶段到 30 个工件 5 个加工阶段。算法参数设置如下。

(1) 初始解集大小=10。

(2) 雇佣蜂数量=10。

(3) 跟随蜂数量=10。

(4) 侦查蜂数量=1。

(5) 侦察蜂派出时机:某个解超过 10 次迭代没有更新。

(6) 局部搜索策略相关参数:雇佣蜂、跟随蜂循环次数 T_i=10,侦察蜂循环次数 T_i=50,邻域解集大小 T_n=10。

(7) 结束条件:运行时间超过 150s。

2.3.2　同型并行机实验结果分析

本节从 77 个 Carlier 等[17]提出的经典算例中选取了 24 个较难的算例,并与四种典型算法做了对比,其中包括:微粒群优化(particle swarm optimization,PSO)、人工免疫系统(artificial immune system,AIS)、蚁群算法(ant colony optimization,ACO)、分支定界(branch and bound,B&B),上述比较算法的实验结果来自文献[30]。

比较结果如表 2-2 所示。表中第一列给出了算例问题,包括 12 个 10-工件问题和 12 个 15-工件问题,每个算例由三个字符和三个整数表示,这三个字符含义如下:"j"表示工件,"c"表示加工阶段,第三个字符表示并行机的布局方式,其含义为:①"c"表示中间加工阶段有两台机床,其余阶段有三台机床;②"d"表示每个加工阶段有三台并行机床。例如,"j10c5c1"表示该问题有 10 个工件和 5 个加工阶段,其并行机布局方式是中间加工阶段有两台机床,其余阶段有三台机床并行。表中第二列给出了每个算例的最优值。之后五列给出了五种比较算法经过 20 次独立运行找到的最好目标值,即 makespan 值。最后五列则给出了每种算法所找到的目标值相对于最优值的偏差。表 2-3 给出了五种比较算法获得对应目标值所耗用的 CPU 时间。

表 2-2　24 个算例对比[17]

问题	最优值	HDABC	PSO	AIS	ACO	B&B	偏差/%				
		C_{max}	C_{max}	C_{max}	C_{max}	C_{max}	HDABC	PSO	AIS	ACO	B&B
j10c5c1	68	**68**	68	68	68	68	**0.00**	0.00	0.00	0.00	0.00
j10c5c2	74	**74**	74	74	76	74	**0.00**	0.00	0.00	2.70	0.00
j10c5c3	71	**71**	71	72	72	71	**0.00**	0.00	1.41	1.41	0.00
j10c5c4	66	**66**	66	66	66	66	**0.00**	0.00	0.00	0.00	0.00
j10c5c5	78	**78**	78	78	78	78	**0.00**	0.00	0.00	0.00	0.00
j10c5c6	69	**69**	69	69	69	69	**0.00**	0.00	0.00	0.00	0.00
j10c5d1	66	**66**	66	66	—	66	**0.00**	0.00	0.00	—	0.00
j10c5d2	73	**73**	73	73	—	73	**0.00**	0.00	0.00	—	0.00
j10c5d3	64	**64**	64	64	—	64	**0.00**	0.00	0.00	—	0.00
j10c5d4	70	**70**	70	70	—	70	**0.00**	0.00	0.00	—	0.00
j10c5d5	66	**66**	66	66	—	66	**0.00**	0.00	0.00	—	0.00
j10c5d6	62	**62**	62	62	—	62	**0.00**	0.00	0.00	—	0.00
j15c5c1	85	**85**	85	85	85	85	**0.00**	0.00	0.00	0.00	0.00
j15c5c2	90	**90**	90	91	90	90	**0.00**	0.00	1.11	0.00	0.00
j15c5c3	87	**87**	87	87	87	87	**0.00**	0.00	0.00	0.00	0.00
j15c5c4	89	**89**	89	89	89	90	**0.00**	0.00	0.00	0.00	1.12
j15c5c5	73	**73**	74	74	73	84	**0.00**	1.37	1.37	0.00	15.07
j15c5c6	91	**91**	91	91	91	91	**0.00**	0.00	0.00	0.00	0.00
j15c5d1	167	**167**	167	167	167	167	**0.00**	0.00	0.00	0.00	0.00
j15c5d2	82	**84**	84	84	86	85	**2.44**	2.44	2.44	4.88	3.66
j15c5d3	77	**82**	82	83	83	96	**6.49**	6.49	7.79	7.79	24.68
j15c5d4	61	**84**	84	84	84	101	**37.70**	37.70	37.70	37.70	65.57
j15c5d5	67	**79**	79	80	80	97	**17.91**	17.91	19.40	19.40	44.78
j15c5d6	79	**81**	81	81	79	87	**2.53**	2.53	2.53	0.00	10.13
平均性能	78.13	**79.96**	80.00	80.17	84.61	82.79	**2.79**	2.85	3.07	4.10	6.88

注:表中粗体表示 HDABC 算法计算结果。

表 2-3　运行时间对比

问题	最优值	HDABC	PSO	AIS	ACO	B&B
		时间/s	时间/s	时间/s	时间/s	时间/s
j10c5c1	68	0.31	0.332	32	—	28
j10c5c2	74	0.59	0.535	4	—	19
j10c5c3	71	0.05	36.997	—	—	240
j10c5c4	66	0.25	0.215	3	—	1017
j10c5c5	78	0.05	0.122	14	—	42
j10c5c6	69	0.11	0.405	12	—	4865
j10c5d1	66	0.07	0.185	5	—	6490
j10c5d2	73	0.04	1.158	31	—	2617
j10c5d3	64	0.01	0.098	15	—	481
j10c5d4	70	0.03	0.337	5	—	393
j10c5d5	66	3.51	0.515	1446	—	1627
j10c5d6	62	0.05	0.383	8	—	6861
j15c5c1	85	1.05	4.205	774	—	2131
j15c5c2	90	0.47	1198	—	—	184
j15c5c3	87	1.02	2.398	16	—	202
j15c5c4	89	1.01	2.208	317	—	c
j15c5c5	73	5.21	—	—	—	c
j15c5c6	91	0.07	0.191	19	—	57
j15c5d1	167	0.03	0	1	—	24
j15c5d2	82	3.56	—	—	—	c
j15c5d3	77	2.44	—	—	—	c
j15c5d4	61	2.52	—	—	—	c
j15c5d5	67	8.51	—	—	—	c
j15c5d6	79	7.35	—	—	—	c
平均性能		1.60	69.35	168.88	—	1604.59

　　由表 2-2 和表 2-3 可见：①HDABC 算法具备最好的求解速度，其平均运行时间仅为 1.6s，而其余比较算法花费的时间大大超过 HDABC 算法，即使考虑机器性能的差异性，比较结果也足以证明 HDABC 算法的效率；②从求解质量来看，HDABC 算法在求解 24 个算例中表现了良好的性能，其偏差为 2.79，HDABC 算法整体性能优于其他比较算法；③综合考虑算法耗费时间和求解质量，HDABC 算法在求解经典 HFS 问题中表现了良好的性能。算法取得算例 j15c5d5 最好解甘特图（makespan＝79），如图 2-2 所示。

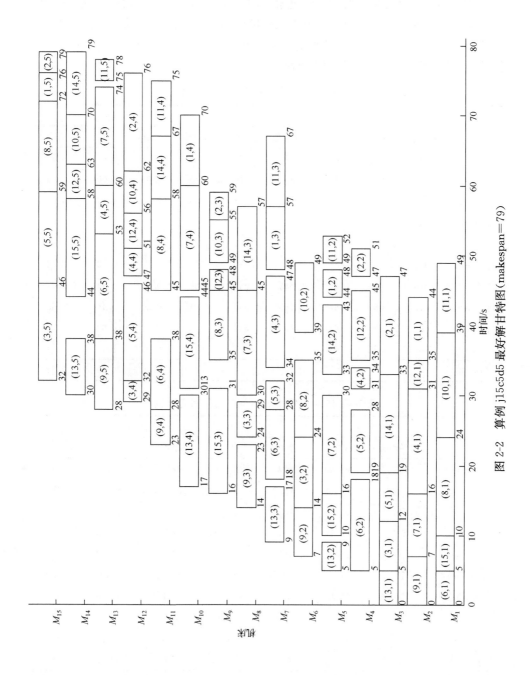

图 2-2 算例 j15c5d5 最好解甘特图 (makespan=79)

为进一步验证算法在求解较大规模 HFS 问题的性能,选取文献[30]中列出的 10 个较大规模算例进行对比分析,比较算法包括 PSO 和 AIS 两种算法。表 2-4 给出了比较结果。表中给出了每个算法求解问题的最好值(最小值)、最差值(最大值)和每种算法所找到的目标值相对于最优值的偏差。表 2-5 给出了每种算法获得的平均值和平均耗费时间(CPU 时间)。

表 2-4　10 个大规模 HFS 问题比较

问题	HDABC		PSO		AIS		偏差/%		
	最小值	最大值	最小值	最大值	最小值	最大值	HDABC	PSO	AIS
j30c5e1	467	474	471	478	479	488	0.00	0.86	2.57
j30c5e2	616	616	616	617	619	625	0.00	0.00	0.49
j30c5e3	595	601	602	619	614	635	0.00	1.18	3.19
j30c5e4	568	575	575	580	582	594	0.00	1.23	2.46
j30c5e5	603	608	605	609	610	624	0.00	0.33	1.16
j30c5e6	605	612	605	619	620	631	0.00	0.00	2.48
j30c5e7	626	630	629	632	635	659	0.00	0.48	1.44
j30c5e8	675	680	678	688	686	704	0.00	0.44	1.63
j30c5e9	645	654	651	658	662	676	0.00	0.93	2.64
j30c5e10	580	587	594	617	604	619	0.00	2.41	4.14
平均性能							0.00	0.79	2.22

表 2-5　10 个大规模 HFS 问题运行时间比较

问题	HDABC		PSO		AIS		最优值
	平均值	CPU	平均值	CPU	平均值	CPU	
j30c5e1	468.83	65.43	474.7	96.16	485.35	99.44	467
j30c5e2	616	43.63	616.25	55.28	620.7	80.24	616
j30c5e3	599.2	80.75	610.25	64.56	625.7	116.7	595
j30c5e4	572.4	83.24	577.1	86.98	588.55	108.63	568
j30c5e5	604.4	85.00	606.8	79.84	618.75	101.19	603
j30c5e6	607.8	68.95	612.5	0.996	625.75	100.47	605
j30c5e7	627.4	38.83	630.6	87.18	641.3	93.56	626
j30c5e8	678	91.93	684.2	97.67	697.5	100.68	675
j30c5e9	647.2	78.93	654.65	83.8	670.2	100.75	645
j30c5e10	585.3	91.33	599.75	77.46	613.45	89.29	580
平均性能		72.08		72.99		99.10	

　　由表 2-4 和表 2-5 可见：①从最好值来看，在求解 10 个较大规模算例中，HDABC 算法能找到所有 10 个算例的最好值，而其他两种算法的最好值明显次于 HDABC 算法。例如，对于"j30c5e10"问题，HDABC 算法找到最好值是 580，而 PSO 算法找到的最好值为 594，AIS 算法找到的最好值是 604；②从最差值的比较可见，HDABC 算法对于所有 10 个大规模算例的最差值均优于其他两种比较算法，且有些最差值好于对比算法的最好值，进一步验证了算法的性能；③平均值的对比可见，HDABC 算法平均性能明显优于其他两种对比算法。例如，对于"j30c5e1"问题，HDABC 算法的平均值优于其他两种算法的最好值，验证了算法的鲁棒性；④平均耗费时间的比较可见，HDABC 算法略优于 PSO 算法，而明显好于 AIS 算法；⑤结合算法耗费时间和最好值、最差值以及平均值的对比可见，HDABC 算法在求解较大规模 HFS 问题中表现了明显的优势。

　　为了比较不同算法参数对算法性能的影响，选取三组实验参数进行比较分析：①ABC-I 算法，参数设置同 2.3.1 节；②ABC-II 算法，与 ABC-I 不同之处是：初始解集大小=5；雇佣蜂数量=5；跟随蜂数量=5；③ABC-III 算法，与 ABC-II 不同之处是：T_n=5。上述比较结果证明：种群的大小设置应该适中，太小的种群搜索能力不足；局部搜索策略中，邻域解集不能太小，否则影响算法的寻优能力。

2.3.3　异构并行机实验结果分析

　　异构并行机 HFS 相对于同构并行机 HFS 问题更贴近生产实际，因而更具备现实意义。为验证算法求解异构并行机 HFS 问题的性能，选取两个实际生产调度问题实例，具体描述可参见文献[53]，比较算法包括 AIS、蛙跳算法（shuffled frog leaping algorithm，SFLA）和分布估计算法（estimation of distribution algorithm，EDA）三种算法[53]。由表 2-6 比较结果可见：①求解两个现实生产调度问题，HDABC 算法和 EDA 算法均取得了最好值，且明显优于其他两种算法；②在平均值方面，HDABC 算法明显优于其他三种比较算法，验证了算法的平均性能；③算法求解两种调度算例，均可在 1s 左右完成，验证了算法的高效性。

表 2-6　异构并行机 HFS 问题比较结果

问题	HDABC			AIS		SFLA		EDA	
	最好值	平均值	时间/s	最好值	平均值	最好值	平均值	最好值	平均值
实例 1	23	23	1.05	27	27	24	24	23	23.4
实例 2	297	297	0.81	——	——	297	307.3	297	297.4

2.4　本章小结

　　经典 HFS 是研究多约束、多目标实际生产调度问题的基础，本章针对经典

HFS 问题开展研究,通过引入关键路径邻域结构,设计适合问题特征的编码和解码策略,针对雇佣蜂、跟随蜂和侦查蜂,分别给出了改进的离散化操作算子,构建了高效的 ABC 优化算法框架。针对同型并行机和异构并行机下多种算例进行实验分析,验证了所提算法的有效性。

参 考 文 献

[1] Ruiz R, Vázquez Rodríguez J A. The hybrid flow shop scheduling problem [J]. European Journal of Operational Research, 2010, 205: 1-18.

[2] Ruiz R, Maroto C. A genetic algorithm for hybrid flowshops with sequence dependent setup times and machine eligibility [J]. European Journal of Operational Research, 2006, 169: 781-800.

[3] Ribas I, Leisten R, Framinan J M. Review and classification of hybrid flow shop scheduling problems from a production systems and a solutions procedure perspective [J]. Computers & Operations Research, 2010, 37: 1439-1454.

[4] Gupta J N D. Two-stage, hybrid flow shop scheduling problem[J]. Journal of the Operational Research Society, 1988, 39: 359-364.

[5] Brah S A, Hunsucker J L. Branch and bound algorithm for the flow-shop with multiple processors[J]. European Journal of Operational Research, 1991, 51: 88-99.

[6] Gupta J N D, Tunc E A. Scheduling a two-stage hybrid flowshop with separable setup and removal times[J]. European Journal of Operational Research, 1994, 77: 415-428.

[7] Lin H T, Liao C J. A case study in a two-stage hybrid flow shop with setup time and dedicated machines[J]. International Journal of Production Economics, 2003, 86: 133-143.

[8] Lee G C, Kim Y D. A branch-and-bound algorithm for a two-stage hybrid flowshop scheduling problem minimizing total tardiness[J]. International Journal of Production Research, 2004, 42: 4731-4743.

[9] Haouari M, Hidri L, Gharbi A. Optimal scheduling of a two-stage hybrid flow shop[J]. Mathematical Methods of Operations Research, 2006, 64: 107-124.

[10] Yang J. A new complexity proof for the two-stage hybrid flow shop scheduling problem with dedicated machines[J]. International Journal of Production Research, 2010, 48(5): 1531-1538.

[11] Tran T H, Ng K M. A hybrid water flow algorithm for multi-objective flexible flow shop scheduling problems[J]. Engineering Optimization, 2013, 45(4): 483-502.

[12] Gerstl E, Mosheiov G. The optimal number of used machines in a two-stage flexible flow-shop scheduling problem[J]. Journal of Scheduling, 2014, 17(2): 199-210.

[13] Lee G C. Real-time order flowtime estimation methods for two-stage hybrid flowshops[J]. Omega, 2014, 42(1): 1-8.

[14] Yang J. Minimizing total completion time in a two-stage hybrid flow shop with dedicated machines at the firststage[J]. Computers & Operations Research, 2015, 58: 1-8.

[15] Riane F,Artiba A,Elmaghraby S E. A hybrid three-stage flowshop problem:Efficient heuristics to minimize makespan[J]. European Journal of Operational Research,1998,109:321-329.

[16] Jin Z H,Ohno K,Ito T,et al. Scheduling hybrid flowshops in printed circuit board assembly lines[J]. Production and Operations Management,2002,11:216-230.

[17] Carlier J,Neron E. An exact method for solving the multi-processor flowshop[J]. RAIRO Operations Research,2000,34:1-25.

[18] Babayan A,He D. Solving the n-job three-stage flexible flowshop scheduling problem using an agent-basedapproach [J]. International Journal of Production Research, 2004, 42:777-799.

[19] Chang S C,Liao D Y. Scheduling flexible flow shops with no setup effects[J]. IEEE Transactions on Robotics and Automation,1994,10(2):112-122.

[20] Portmann M C,Vignier A,Dardilhac D,et al. Branch and bound crossed with GA to solve hybrid flowshops [J]. European Journal of Operational Research,1998,107:389-400.

[21] Neron E,Baptiste P,Gupta J N D. Solving hybrid flow shop problem using energetic reasoning and global operations [J]. Omega-International Journal of Management Science,2001,29:501-511.

[22] 唐立新,吴亚萍. 混合流水车间调度的遗传下降算法[J]. 自动化学报,2002,28(4):637-641.

[23] Engin O,Doyen A. A new approach to solve hybrid flow shop scheduling problems by artificial immune system [J]. Future Generation Computer Systems,2004,20 (6):1083-1095.

[24] Oguz C,Ercan M. A genetic algorithm for hybrid flow-shop scheduling with multiprocessor tasks [J]. Journal of Scheduling,2005,8:323-351.

[25] Ying K C,Lin S W. Multiprocessor task scheduling in multistage hybrid flow-shops:An ant colony system approach[J]. International Journal of Production Research,2006,44(16):3161-3177.

[26] Alaykyran K,Engin O,Doyen A. Using ant colony optimization to solve hybrid flow shop scheduling problems [J]. International Journal of Advanced Manufacturing Technology,2007,35 (5-6):541-550.

[27] Janiak A,Kozan E,Lichtenstein M,et al. Metaheuristic approaches to the hybrid flow shop scheduling problem with a cost-related criterion [J]. International Journal of Production Economics,2007,105:407-424.

[28] Niu Q,Zhou T,Ma S. A quantum-inspired immune algorithm for hybrid flow shop with makespan criterion [J]. Journal of Universal Computer Science,2009,15:765-785.

[29] Kahraman C,Engin O,Kaya İ,et al. Multiprocessor task scheduling in multistage hybrid flow-shops:A parallel greedy algorithm approach[J]. Applied Soft Computing,2010,10(4):1293-1300.

[30] Engin O,Ceran G,Yilmaz M K. An efficient genetic algorithm for hybrid flow shop schedu-

ling with multiprocessor task problems [J]. Applied Soft Computing, 2011, 11（3）: 3056-3065.

[31] 王圣尧,王凌,许烨,等. 求解混合流水车间调度问题的分布估计算法 [J]. 自动化学报, 2012,38(3):437-443.

[32] 项洁,周炳海. 基于 DBR-GA 的混合流水车间调度方法[J]. 计算机集成制造系统,2012, 18(11):2485-2491.

[33] 屈国强. 瓶颈指向的启发式算法求解混合流水车间调度问题[J]. 信息与控制,2012,41(4): 514-521,528.

[34] Liao C J, Tjandradjaja E, Chung T P. An approach using particle swarm optimization and bottleneck heuristic to solve hybrid flow shop scheduling problem [J]. Applied Soft Computing, 2012,12:1755-1764.

[35] Chou F D. Particle swarm optimization with cocktail decoding method for hybrid flow shop scheduling problems with multiprocessor tasks[J]. International Journal of Production Economics,2013,141(1):137-145.

[36] Bożejko W,Pempera J,Smutnicki C. Parallel tabu search algorithm for the hybrid flow shop problem[J]. Computers & Industrial Engineering,2013,65(3):466-474.

[37] Chung T P, Liao C J. An immunoglobulin-based artificial immune system for solving the hybrid flowshop problem[J]. Applied Soft Computing,2013,13(8):3729-3736.

[38] Marichelvam M K,Prabaharan T,Yang X S. Improved cuckoo search algorithm for hybrid flow shop scheduling problems to minimize makespan[J]. Applied Soft Computing,2014, 19:93-101.

[39] Pan Q K,Dong Y. An improved migrating birds optimisation for a hybrid flowshop scheduling with total flowtime minimisation[J]. Information Sciences,2014,277:643-655.

[40] Pan Q K,Wang L,Li J Q,et al. A novel discrete artificial bee colony algorithm for the hybrid flowshop scheduling problem with makespan minimisation[J]. Omega,2014,45: 42-56.

[41] Savsani P,Jhala R L,Savsani V. Effect of hybridizing biogeography—based optimization (BBO)technique with artificial immune algorithm(AIA)and ant colony optimization(ACO)[J]. Applied Soft Computing,2014,21:542-553.

[42] Naderi B,Gohari S,Yazdani M. Hybrid flexible flowshop problems:Models and solutionmethods[J]. Applied Mathematical Modelling,2014,38(24):5767-5780.

[43] Chamnanlor C,Sethanan K,Gen M,et al. Embedding ant system in genetic algorithm for re-entrant hybrid flow shop scheduling problems with time window constraints[J]. Journal of Intelligent Manufacturing,2015:1-17,doi:10. 1007/s10845-015-1078-9.

[44] 轩华,唐立新. 实时无等待 HFS 调度的一种拉格朗日松弛算法[J]. 控制与决策,2006, 21(4):376-380.

[45] 轩华. 带有限等待的动态 HFS 调度的拉格朗日松弛算法[J]. 工业工程与管理,2013, 18(3):24-29.

[46] 轩华,孙振轩,李冰. 零等待混合流水车间问题优化研究[J]. 工业工程与管理,2014,19(5):
　　　13-17.

[47] 宋继伟,唐加福. 基于 DPSO 的无等待混合流水车间调度方法[J]. 系统仿真学报,2010 (10):
　　　2257-2261.

[48] 张其亮,陈永生. 求解双向无等待混合流水车间调度问题的粒子群优化算法[J]. 计算机集
　　　成制造系统,2013,19(10):2503-2509.

[49] 李岩,李铁克. 基于约束规划的无等待混合流水车间调度问题研究[J]. 化工自动化及仪表,
　　　2007,34(3):26-29.

[50] 张其亮,陈永生. 基于混合粒子群-NEH 算法求解无等待柔性流水车间调度问题[J]. 系统
　　　工程理论实践,2014,34(3):802-809.

[51] Dai M,Tang D,Giret A,et al. Energy-efficient scheduling for a flexible flow shop using an
　　　improved genetic-simulated annealing algorithm[J]. Robotics and Computer-Integrated
　　　Manufacturing,2013,29(5):418-429.

[52] Gicquel C,Hege L,Minoux M,et al. A discrete time exact solution approach for a complex
　　　hybrid flow-shop scheduling problem with limited-waitconstraints[J]. Computers & Opera-
　　　tions Research,2012,39(3):629-636.

[53] Jungwattanakit J,Reodecha M,Chaovalitwongse P,et al. A comparison of scheduling algo-
　　　rithms for flexible flow shop problems with unrelated parallel machines,setup times,and
　　　dualcriteria[J]. Computers & Operations Research,2009,36(2):358-378.

[54] Chen C L,Chen C L. Bottleneck-based heuristics to minimize total tardiness for the flexible
　　　flow line with unrelated parallel machines[J]. Computers & Industrial Engineering,2009,
　　　56(4):1393-1401.

[55] Li D,Meng X,Liang Q,et al. A heuristic-search genetic algorithm for multi-stage hybrid
　　　flow shop scheduling with single processing machines and batch processing machines[J].
　　　Journal of Intelligent Manufacturing,2015,26(5):873-890.

[56] Liu J. Single-job lot streaming in m-1 two-stage hybrid flowshops[J]. European Journal of
　　　Operational Research,2008,187(3):1171-1183.

[57] Urlings T,Ruiz R,Stützle T. Shifting representation search for hybrid flexible flowline
　　　problems[J]. European Journal of Operational Research,2010,207(2):1086-1095.

[58] Urlings T,Ruiz R,Serifoglu F S. Genetic algorithms with different representation schemes
　　　for complex hybrid flexible flow line problems[J]. International Journal of Metaheuristics,
　　　2010,1(1):30-54.

[59] Tang L,Wang X. An improved particle swarm optimization algorithm for the hybrid flow-
　　　shop scheduling to minimize total weighted completion time in process industry[J]. IEEE
　　　Transactions on Control Systems Technology,2010,18(6):1303-1314.

[60] 张志英,林晨,杨连生,等. 面向分段涂装作业的混合流水车间调度[J]. 上海交通大学学报,
　　　2014,48(3):382-387.

[61] Lin J T,Chen C M. Simulation optimization approach for hybrid flow shop scheduling prob-

lem in semiconductor back-end manufacturing[J]. Simulation Modelling Practice and Theory, 2015,51:100-114.

[62] 崔喆. 基于群智能优化算法的流水车间调度问题若干研究[D]. 上海:华东理工大学,2014.

[63] Pan Q K,Wang L,Mao K,et al. An effective artificial bee colony algorithm for a real-world hybrid flowshop problem in steelmaking process[J]. IEEE Transactions on Automation Science and Engineering,2013,10(2):307-322.

[64] 王凌. 车间调度及其遗传算法[M]. 北京:清华大学出版社,2003.

第3章 铁水运输调度优化方法

在现代化钢铁生产系统中,铁水运输调度发挥着重要的作用,好的调度方案能有效提高生产效率。宝钢集团有限公司(以下简称宝钢)铁水运输调度过程可分为五个阶段:高炉产铁、前扒渣处理、脱磷或脱硫、后扒渣处理和铁水倒罐阶段[1,2]。在第一阶段中,铁矿石、石灰石、烟煤等合并在高炉中进行处理,高炉产铁后倒入鱼雷车中。然后,装载高温铁水的鱼雷车由牵引设备牵引,并通过道轨运输到某个炼钢厂进一步处理。在炼钢厂,高温铁水经过前扒渣、脱磷或脱硫、后扒渣处理等工序加工后,符合一定条件的高温铁水在某个倒灌站倒入转炉进行炼钢-连铸的进一步处理。

在宝钢的钢铁生产过程中,通常有两种类型的铁水,即普通铁水和特殊类型铁水。特殊类型铁水还可以细分为脱锰铁水、硅钢铁水和三脱铁水等。由于前扒渣、后扒渣工序设备的处理能力有限,并非所有的 TPC 罐次都能够进行前扒渣或后扒渣工序的处理。对于特殊类型铁水的 TPC 罐次,其生产优先级较高,需要经过全部的铁水物流处理工序,即必须进行前扒渣与后扒渣工序的处理,因此其处理工艺路径是确定的。在生产过程中,动态跳跃工序是宝钢铁水运输调度问题的主要特征。本章结合宝钢铁水运输调度特点,提炼出带有动态工序跳跃约束的 HFS 问题(hybrid flexible flowshop scheduling problem with dynamic operation skipping, HFF-D),并采用离散的人工蜂群(discrete ABC, DABC)算法求解所提出的 HFF-D。

本章主要内容分为以下三部分。

第一部分针对铁水运输调度问题,结合其动态跳跃工序的特征,提炼出带动态工序跳跃约束的 HFF-D 调度问题,并对问题进行数学建模。

第二部分是算法的应用研究。结合铁水运输调度问题结构特征和目标特点,给出包括动态编码策略、柔性解码策略、右移策略等启发式规则,同时构建了多种邻域结构;针对求解问题的 ABC 算法框架,给出了结合上述启发式规则和邻域结构的雇佣蜂、跟随蜂和侦查蜂策略。

第三部分是算法实验分析。结合宝钢铁水运输实际生产数据,随机生成多个实用算例。通过算法实验比较和分析,验证所提出的 DABC 算法的有效性。

3.1　带动态工序跳跃约束的铁水运输调度问题的研究现状

　　铁水运输调度生产过程包括高炉生产、前扒渣处理、脱硫/脱磷处理、后扒渣处理、倒罐五个加工工序[2]，如图 3-1 所示。首先，高炉产出的高温铁水倒入鱼雷罐车中；其次，承载铁水的鱼雷罐车(或 TPC 罐次)由机车牵引经过前扒渣、脱硫(脱磷)、后扒渣、倒罐等工序；最后，铁水倒入转炉进行炼钢-连铸的进一步加工。在组织生产时，应尽量避免 TPC 罐次铁水在工序流动过程中出现不必要的停歇，以免铁水温度降低，造成能源的浪费。

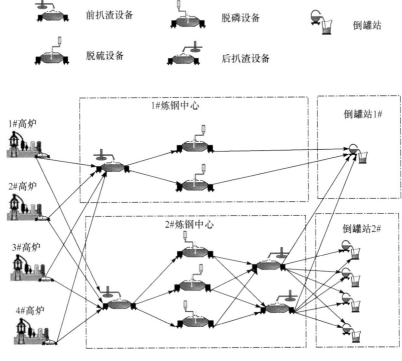

图 3-1　铁水生产调度流程示意图

　　近年来，带有工序跳跃约束的 HFS 问题(hybrid flowshop scheduling problem with jobs skipping，HFF)已经在工业生产中得到了广泛应用[2]，例如，在瓷砖加工车间，有些瓷砖可以选择跳过某些加工阶段。另外，在一些木材加工生产过程，工序跳跃也广泛存在。由此看出，HFF 作为经典 HFS 问题的扩展，由于增加了工序的特殊约束，所以比传统 HFS 问题更复杂，是典型的 NP 难问题。

　　与传统 HFS 问题相比，目前研究 HFF 的文献还比较少，并且全部集中于求解固定 HFF，即在调度之前，已经确定工件选择跳过哪些工序，且在整个调度过程中保持不变[3-14]。结合 HFF 的特征,文献[6]、[8]、[14]分别设计了不同的启发式规则。近年来,群智能优化算法被广泛应用于求解该类问题,并取得了一定进展,如基于问题搜索空间的自适应搜索算法[4]、结合贪心算法和随机键遗传算法的一种混合算法[5]、多种群遗传算法[12]、并行遗传算法[13]、粒子群优化和局部搜索方法的混合算法[15]等。上述确定性或群体智能优化算法,在求解 HFF 中取得了一定进展,但还缺乏对实际生产约束的进一步考虑。

针对现实生产过程中的 HFF 的多约束问题,Ruiz 等[9]综合考虑了设备次序相关的启动时间、设备释放时间、设备可用性、异构设备加工能力不同以及特定加工阶段可跳跃等约束条件。进一步,Ruiz 等[9]研究了加工顺序约束、次序相关启动时间约束、时间重叠约束、设备可用约束以及释放时间等约束条件下的 HFF。Naderi 等[11]则分析了带有序列相关启动时间约束和不同设备维修规则两种约束条件的 HFF,并给出了一种变邻域搜索(variable neighborhood search,VNS)算法。文献[3]和文献[7]则分别针对电子生产系统和印刷版系统进行实际生产调度研究。

尽管已经有一些文献研究 HFF,这些文献都假定工序跳跃是预先可知并且固定不变的,即工序跳跃特定加工阶段在调度之前就指派完成,工件在调度时,只需要按照指派规则分配工件的加工过程。然而,宝钢的铁水运输调度有其特殊之处,即工序的跳跃是动态的,需要根据当前加工设备的处理能力或铁水的预定倒罐时间窗口决定是否跳跃部分加工阶段,因而,铁水运输调度问题相比 HFF 更加复杂。目前,还没有针对上述动态跳跃工序的 HFS 问题的研究文献。

3.2　铁水运输调度 HFS 问题描述

宝钢有四个炼铁高炉,两个炼钢中心,以及两个铁水倒罐站点,如图 3-1 所示。每个高炉具有四个出铁口,其中三个用来出铁水,而另一个用于日常维护。每个高炉每个工作日出铁 12～14 次,每次出铁可装满三个或四个鱼雷罐车。每个鱼雷罐车可输送约 270t 铁水。因此,每天生产铁水大约可装载 150 次鱼雷罐[2]。本书设定每个鱼雷罐车或工件单独调度。

第一炼钢中心有一个前扒渣设备和两个脱硫设备。第二炼钢中心有一个前扒渣设备、三个脱硫或脱磷设备和两个后扒渣设备。第一倒罐站点有一个倒灌站,而第二倒罐站点具有四个倒罐站用于接收来自鱼雷罐车的铁水。通常,宝钢铁水分配如下:从第一和第二高炉排出的铁水被分配给第一个炼钢中心,而从第三和第四高炉排出的铁水被分配给第二炼钢中心。如果第一和第二高炉不能提供足够的铁水,第三和第四高炉也可以供给足够的铁水到第一炼钢中心。相反,如果第三和第四高炉不能提供足够的铁水,第一和第二高炉也可以补充[2]。

宝钢铁水运输调度问题的特点如下。

（1）在铁水运输调度问题中包含五个加工阶段，即高炉出铁、前扒渣处理、脱硫或脱磷处理、后扒渣处理以及铁水倒罐。

（2）在每一个阶段，有多个相同加工能力的并行机。

（3）所有鱼雷罐车（罐次、工件）按照相同的加工顺序进行加工，即从第一个加工阶段到最后一个加工阶段。

（4）铁水分为普通类型铁水和特殊类型铁水。特殊类型铁水必须经过所有五个加工阶段，而普通类型铁水需要根据当前加工的条件选择是否跳过前扒渣和后扒渣加工阶段。

（5）加工阶段之间的传输时间需要考虑。

（6）工件加工不允许抢占，即工件一旦开工，必须完成其在本加工阶段的任务后，方可调度并加工下一个工件。

（7）同一工件的各个工序，必须依次加工，不能出现加工时间的重叠。

（8）同一时刻，一个加工设备只能加工一个工件；一个工件只能在一个设备上加工。

（9）工件的加工时间是预先可知的，并且是固定不变的。

（10）所有工件的预定倒罐时间窗口是预先可知的，并且是固定不变的。工件如果在倒罐时间窗口内开始倒罐，则没有提前/滞后惩罚，否则，需要计算提前/滞后惩罚值。

3.3　铁水运输调度 HFS 问题建模

3.3.1　问题特征

本节基于 HFF-D 问题特征，给出宝钢铁水运输调度问题的模型。考虑最小化以下实际生产指标：①所有工件或罐次的平均滞留时间；②提前倒罐的惩罚；③滞后倒罐的惩罚；④前扒渣/后扒渣设备的空闲率。工件的滞留时间是计算工件在第一个加工阶段的完工时间到该工件在最后一个加工阶段的开工时间的时间差。最小化所有工件的平均滞留时间可以有效降低铁水罐次的温度流失，进而降低成本，提高效益。前扒渣和后扒渣设备的空闲率是用来计算前扒渣/后扒渣设备未处理的工件数量与所有工件数量的比率。空闲率越低，表明两种设备生产能力越得到了有效利用，从而生产出更多高质量的铁水，为后续的炼钢-连铸阶段降低成本。

3.3.2　变量和下标

基于上述问题特征和目标,下面给出问题建模的变量和下标。

1) 下标

i:工件的下标$(i=1,2\cdots,n)$。

k:设备下标$(k=1,2,\cdots,m)$。

j:加工阶段下标$(j=1,2,\cdots,5)$。

2) 变量

n:工件数量。

m:设备数量。

$p_{i,j}$:工件 i 在加工阶段 j 的加工时间。

E_j:加工阶段 j 的并行设备集合。

m_j:加工阶段 j 的并行设备数量。

J:n 个工件的集合,$J=\{J_1,J_2,\cdots,J_n\}$。

$T_{h,j}$:加工阶段 h 到 j 的传输时间。

$[d_s^i,d_e^i]$:工件 i 的预定倒罐时间窗口。

w_1:平均滞留时间惩罚因子。

w_2:提前倒罐惩罚因子。

w_3:滞后倒罐惩罚因子。

w_4:前扒渣/后扒渣设备空闲率惩罚因子。

U:足够大的常数。

3) 决策变量

$b_{i,j}$:工件 i 在加工阶段 j 的开工时间。

$e_{i,j}$:工件 i 在加工阶段 j 的完工时间。

Ω_i:工件 i 经过的加工阶段集合。

$x_{i,j,k}$:如果工件 i 在加工阶段 j 选择设备 k 进行加工,则 $x_{i,j,k}=1$;否则 $x_{i,j,k}=0$。

$z_{i,h,j}$:如果工件 i 在完成加工阶段 h 的工作后,立即进入加工阶段 j 进行加工,则 $z_{i,h,j}=1$;否则 $z_{i,h,j}=0$。

$y_{i,l,j}$:如果在加工阶段 j,工件 i 是工件 l 的前继工件,则 $y_{i,l,j}=1$;如果在加工阶段 j,工件 l 和工件 i 同一时刻开工,则 $y_{i,l,j}=1/2$;否则 $y_{i,l,j}=0$。

3.3.3　数学模型

基于上述变量和下标,铁水运输调度问题的模型建立如下:

$$\min f = \min f = w_1 F_1 + w_2 F_2 + w_3 F_3 + w_4 F_4$$

$$F_1 = \sum_{i=1}^{n} (b_{i,5} - e_{i,1})/n \tag{3.1}$$

$$F_2 = \sum_{i=1}^{n} \max(0, d_s^i - b_{i,5}) \tag{3.2}$$

$$F_3 = \sum_{i=1}^{n} \max(0, b_{i,5} - d_e^i) \tag{3.3}$$

$$F_4 = \left(1 - \left(\sum_{j=2,4} \sum_{k=1}^{m_j} \sum_{i=1}^{n} x_{i,j,k}\right)/2n\right) \times 100 \tag{3.4}$$

s. t.

$$\sum_{\substack{j \in \Omega_i \\ k \in E_j}} x_{i,j,k} = 1, \quad \forall i \in J \tag{3.5}$$

$$b_{i,j} - (b_{i,h} + p_{i,h} + T_{h,j}) z_{i,h,j} \geqslant 0 \tag{3.6}$$
$$\forall i \in J, h, j \in \Omega_i$$

$$y_{i,l,j} + y_{l,i,j} = 1, \quad \forall i, l \in J, \quad j \in (\Omega_i \cap \Omega_l) \tag{3.7}$$

$$b_{l,j} - (b_{i,j} + p_{i,j}) + U(3 - y_{i,l,j} - x_{i,j,k} - x_{l,j,k}) \geqslant 0 \tag{3.8}$$
$$\forall i, l \in J, \quad k \in E_j, \quad j \in (\Omega_i \cap \Omega_l)$$

$$x_{i,j,k} \in \{0,1\}, \quad \forall i \in J, \quad j \in \{1,2,3,4,5\}, \quad k \in E_j \tag{3.9}$$

$$\{[s_{i,j}, c_{i,j}]_k, [c_{i,j}, s_{i+1,j}]_b\}, \quad \text{if} : u_{i,i+1} \leqslant c_{i,j} \wedge s_{i+1,j} > c_{i,j} \tag{3.10}$$
$$\forall i \in J, h, j \in \{1,2,3,4,5\}$$

$$y_{i,l,j} \in \left\{0, \frac{1}{2}, 1\right\}, \quad \forall i, l \in J, \quad j \in \{1,2,3,4,5\} \tag{3.11}$$

约束(3.1)~约束(3.4)是算法最小化的四个目标,即最小化平均滞留时间、提前/滞后惩罚以及前扒渣/后扒渣设备空闲率。约束(3.5)确保每个工件在每个必经的加工阶段,选择且只能选择一个设备进行加工。约束(3.6)保证每个工件的连续两个工序,后继工序必须等前继工序完工才能开始加工。约束(3.7)和约束(3.8)确保在同一台设备上加工的两个工件,不允许出现加工重叠,即前一个工件完工后,后一个工件才能开始加工。约束(3.9)~约束(3.11)定义了决策变量的取值范围。

3.3.4　铁水运输调度问题实例

下面给出一个典型的 HFF-D 问题。考虑有 5 个罐次或工件、五个加工阶段的铁水运输调度问题实例。第一个加工阶段有两个高炉,第二个加工阶段有两个前扒渣设备,第三个加工阶段有两个脱硫或脱磷设备,第四个加工阶段有两个后扒渣设备,最后一个加工阶段有两个倒灌站。5 个罐次中,2♯、3♯ 罐次是特殊类型铁水,其他罐次是普通铁水。即 $n=5$,$M=10$,$E_1=\{1,2\}$,$E_2=\{1,2\}$,$E_3=\{1,2\}$,$E_4=\{1,2\}$,$E_5=\{1,2\}$。令 $w_1=1$,$w_2=1$,$w_3=0.5$,$w_4=1$,特殊类型铁水集合 ={2,3},普通铁水集合 ={1,4,5}。工件的加工时间 p_{ij}、传输时间 T_{ij}、预定倒罐时间窗口如下:

$$[p_{ij}]_{5\times5}=\begin{bmatrix}30&30&30&40&30\\30&30&30&40&30\\30&30&30&30&30\\30&30&30&40&30\\30&30&30&30&30\end{bmatrix}$$

$$[T_{ij}]_{5\times5}=\begin{bmatrix}0&0&0&0&0\\10&0&0&0&0\\20&15&0&0&0\\30&30&10&0&0\\40&45&20&10&0\end{bmatrix}$$

$$\begin{bmatrix}d_s^i\\d_e^i\end{bmatrix}_{5\times5}=\begin{bmatrix}150&180&200&200&220\\170&200&220&220&230\end{bmatrix}$$

图 3-2 给出了对应上述实例一个解的甘特图。图中,每个工件由一个带有工件编号的矩形表示。例如,在第一个加工阶段,工件 J_1 选择第 1 个加工设备加工,

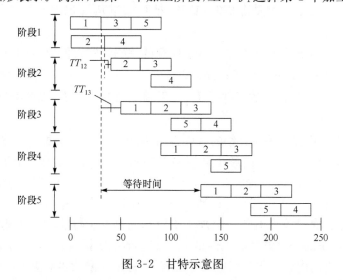

图 3-2　甘特示意图

工件 J_2 选择在第 2 个高炉加工,以此类推。上述 5 个工件全部在第一个加工阶段加工,即第一个加工阶段不允许跳跃。之后,在第二个加工阶段,即前扒渣处理阶段,由于设备加工处理能力有限,1♯ 和 5♯ 罐次选择跳过前扒渣阶段。在第四个加工阶段,即后扒渣阶段,4♯ 罐次选择跳过。由图可见,所有工件平均滞留时间 F_1 是 11.8。在倒罐阶段,所有工件的开工时间分别是:160、190、220、240 和 210。其中,工件 J_1、J_2 和 J_3 都在倒罐时间窗口内。因而,总提前惩罚值 $F_2 = 10$,总滞后惩罚值 $F_3 = 2$。前扒渣处理阶段有两个罐次未处理,后扒渣处理阶段有一个罐次未处理。因而,前扒渣/后扒渣设备空闲率 $F_4 = (1 - 7/10) \times 100\% = 30\%$。因此,该解对应的目标值为 $11.8 \times 1 + 10 \times 1 + 20 \times 0.5 + 30 \times 1 = 61.8$。

3.4 铁水运输调度 HFS 问题算法研究

3.4.1 动态编码策略

基于序列的编码是求解 HFS 问题常采用的编码策略[32-41]。在基于序列的编码策略中,每个解由 n 个数字组成,每个数字代表与之对应的工件,数字的先后次序代表工件的调度顺序。

针对铁水运输调度问题,由于其是一个带有跳跃工序的特殊 HFS 问题,结合问题特征,提出了一种基于双向量的编码策略。每个解由两个向量构成:第 1 个向量称为调度向量,包含了工件的调度顺序信息;第 2 个向量称为工序跳跃向量,包含了工序是否跳跃某个加工阶段的信息。同时,为了增加算法的柔性,针对调度向量,设计了一种动态机制:首先,把算法进化过程划分为如下两个进化部分。

(1) 第一进化部分采用简单的基于序列的编码策略,即调度向量的长度为 n。图 3-3(a) 表示第一阶段的调度向量。向量中第 1 个元素为 2,对应工件 J_2,表示在第一个加工阶段首先调度的工件是 J_2;之后调度的工件是 J_4,以此类推,最后一个调度的工件是 J_5。

(2) 第二进化部分采用详细的编码策略,每个加工阶段分配一个子向量,每个子向量包含 n 个元素。因此,整个调度向量的长度为 $5n$。在第一个加工阶段,所有工件和设备已经就绪,因而,工件的调度顺序对应第一个加工阶段子向量中数字的排列顺序。如图 3-3(b) 所示,在第一个加工阶段子向量中,第 1 个元素为 2,对应工件 J_2,表示的含义是在第一个加工阶段首先调度工件 J_2;之后调度的是工件 J_4,以此类推,最后一个调度的工件是 J_5。其余加工阶段,即从第二个加工阶段开始,子向量元素的内容不再是对应工件的编号,每个元素代表对应工件的调度优先权重,即工件调度的参考权重。例如,在第二个加工阶段,对应工件 J_1 位置的元素是 3,对应工件 J_2 位置的元素为 1。其含义表示,当工件 J_1 和 J_2 同时就绪,都在等待同一个设备,则该设备可用时,调度的顺序取决于权重元素的值的大小:权重小的优先调度。本例中,设备可用时,首先调度工件 J_2。

(a) 进化第一阶段调度向量表示

(b) 进化第二阶段调度向量表示

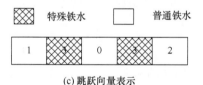

(c) 跳跃向量表示

图 3-3　编码表示

工件跳跃向量为每个工件分配一个数字,数字的值表示工件是否跳跃某个加工阶段,因而,该向量的长度等于 n。在工件跳跃向量中,有四种类型的状态:"0"表示跳过两个阶段,即对应的工件应该跳过前扒渣和后扒渣两个加工阶段;"1"是指相应的工件将只跳过前扒渣加工阶段;"2"表示工件只跳过后扒渣加工阶段;"3"表示该工件经过所有加工阶段。需要注意的是,在生产系统中,特殊类型的铁水不应跳过任何阶段,因而为特殊类型的铁水赋值"3"。例如,在图 3-3(c)中,第 2 个和第 4 个工件是特殊类型铁水,其对应的跳跃向量值为"3"。

3.4.2 柔性解码策略

基于序列的编码策略由于简单且易于实现而被广泛应用于求解 HFS 问题或经典流水车间调度问题中。然而,采用这种编码策略,在第一个加工阶段,工件的调度顺序严格按照向量中工件的排列顺序;在后续加工阶段,工件的调度顺序通常取决于该工件在上个加工阶段的完工时间,即如果出现多个工件同时就绪并等待同一个设备,完工时间靠前的工件优先调度。这种调度方式虽然简单,但缺乏解码柔性,在解码过程中易出现搜索"盲区"问题。本节设计了一种柔性的解码策略,为解码过程增加了柔性,进而扩展了算法的搜索空间。

令 $\pi = (\pi_1, \pi_2, \cdots, \pi_n)$ 表示搜索空间内的一个解,$\pi^{(j)} = (\pi_1^{(j)}, \pi_2^{(j)}, \cdots, \pi_{|\Phi_j|}^{(j)})$ 表示在加工阶段 j,各个工件按照上个加工阶段完工时间的升序排列,μ_k 表示设备 k 的空闲时间,则柔性解码策略的伪代码如算法 3.1 所示。

算法 3.1   柔性解码策略

//第一个加工阶段 $j = 1$

针对每个设备 $k \in E_1$,设置 $\mu_k = 0$

For $i \in \Phi_j$

    找到第 1 个可用设备

    安排工件 π_i 在设备 k^* 上加工

    令 $e_{i,1} = \mu_{k^*} + p_{i,1}$,$\mu_{k^*} = e_{i,1}$

End for

//其余加工阶段 $j = 2, 3, 4, 5$

For $j = 2, 3, 4, 5$

    令 $b_{\pi_i^{(j)}}$ 表示工件 $\pi^{(j)}$ 的可能开工时间,$b_{\pi_i^{(j)}} = e_{i,j-1} + \sum_{h=1}^{j} T_{h,j} z_{i,h,j}$

    根据 $b_{\pi_i^{(j)}}$ 降序排列,获得调度序列 $\pi^{(j)} = (\pi_1^{(j)}, \pi_2^{(j)}, \cdots, \pi_{|\Phi_j|}^{(j)}) \pi^{(j)} =$

  For $i \in \Phi_j$

    找到第 1 个可用设备 $k^* = \min_{k \in E_j} \{u_k\}$

    找到满足 $b_{\pi_i^{(j)}} \leqslant u_{k^*}$ 的工件集合 Ω,其中,$\pi_i^{(j)} \in \Omega$,选出其加工阶段 j

    对应的调度向量最小值的工件,安排该工件在设备 k^* 上加工,令

    $e_{i,j} = \max(\mu_{k^*}, b_{\pi_i^{(j)}}) + p_{i,j}$,$\mu_{k^*} = e_{i,j}$

  End for

End for

应当指出的是,所有工件都根据其在第一个加工阶段的调度子向量的顺序调度处理。在后续加工阶段,各个工件首先按照上个加工阶段的完工时间进行排序,

如果有可用设备则立即调度,否则等待某一设备的可用时间。如果出现多个工件等待同一个加工设备,则采用柔性解码策略,工件按照权重值的大小安排调度,权重小的优先获得可用设备的使用权。对于上面的例子,假设两个工件 J_2 和 J_3 在第一个加工阶段的完工时间分别是 30 和 25,而第二个加工阶段的最早可用设备的空闲时间是 35,则两个工件 J_2 和 J_3 需要同时等待可用设备。如果没有参考序列,则上一个加工阶段完工时间较早的工件 J_3 在加工时刻 35 优先调度。加入柔性解码策略后,工件 J_2 和 J_3 对应的权重值分别是 1 和 4,此时,优先调度工件 J_2。通过调整子向量的排列,工件可以柔性获得不同的优先权重,从而提高算法的解码柔性,进而拓展搜索空间。

3.4.3　右移策略

为降低提前惩罚值,本节提出了一种右移策略。令 $\pi^k=(\pi_1^k,\pi_2^k,\cdots,\pi_h^k)$ 表示在倒罐加工阶段设备 k 上的工件加工排列。首先,需要决定在同一个加工设备上的工件块,一个工件块对应一个连续的加工,即工件块内的所有工件加工是连续的。令 B_i 是包含工序 π_i^k 的工件块,$\gamma=(\gamma_{B_1,B_2},\gamma_{B_2,B_3},\cdots,\gamma_{B_{q-1},B_q},\gamma_{B_q,B_{q+1}})$ 表示连续加工的两个工件块之间的空闲时间集合,其中 $\gamma_{B_i,B_{i+1}}$ 是连续两个工件块 B_i 和 B_{i+1} 之间的空闲时间。假设给定一个设备,有 q 个工件块,记为 $B=(B_1,B_2,\cdots,B_q)$;令 $\gamma_{B_q,B_{q+1}}=\infty,\delta^k=(\delta_1,\delta_2,\cdots,\delta_h)$ 表示工序排列 $\pi^k=(\pi_1^k,\pi_2^k,\cdots,\pi_h^k)$ 的提前时间向量,其计算过程如下:如果 $b_{i,5}\in[d_s^i,d_e^i]$,则 $\delta_i=0$,即对应的工件在预定的倒灌时间窗口内开始倒罐;否则,令 $\delta_i=d_s^i-b_{i,5}$。其中,如果 $\delta_i>0$,表示对应的工件 π_i^k 早于预定的倒灌时间窗口开工,$\delta_i<0$ 表示工件 π_i^k 晚于预定的倒灌时间窗口开工。令 S_E 表示包含所有 $\delta_i>0$ 的工件集合,S_D 是包含所有 $\delta_i=0$ 的工件集合,S_T 表示包含所有 $\delta_i<0$ 的工件集合。

右移某个工件 π_i^k,需要考虑包含该工件的工件块 B_i,以及连续工件块之间的空闲时间 $\gamma_{B_i,B_{i+1}}$。右移 π_i^k 一个单位可以降低提前惩罚值:$w_2|S_E|$,增加滞后惩罚值:$w_3|S_T|$,同时增加平均滞留时间惩罚值:$w_1\dfrac{|S_{B_i}|}{n}$。因而,如果符合条件 $w_2|S_E|>w_3|S_T|+w_1\dfrac{|S_{B_i}|}{n}$,则工件 π_i^k 可以右移 1 个加工时间单位。同时,右移工件还需要考虑当前工件块和后续工件块之间的空闲时间:如果空闲时间为零,表示当前工件块需要和后续工件块合并成为一个工件块。右移策略的过程如算法 3.2 所示,其时间复杂度为 $O(n^2)$。

算法 3.2   右移策略

对每个工件 $\pi_i^k (i=1,2,\cdots,h)$ 和其加工块 S_{B_i}

While $w_2 |S_E| > w_3 |S_T| + w_1 \dfrac{|S_{B_i}|}{n}$ do

步骤 1 $\Delta = \min \{ \min\limits_{i \in S_E} \{E_i\} , \min\limits_{i \in S_D} \{d_e^i - b_{i,5}\} \}$

步骤 2 $\theta = \min\{\Delta, \gamma_{B_i,B_{i+1}}\}$

步骤 3   对每个在块 S_{B_i} 中的工件 i,执行以下右移算子:

　　(1) $b_{i,5} = b_{i,5} + \theta$

　　(2) If $\delta_i > \theta$ or $\delta_i < 0$ then

　　　　　　$\delta_i = \delta_i - \theta$

　　　End if

　　(3) If $\delta_i > 0$ and $b_{i,5} \in [d_s^i, d_s^i]$ then

　　　　　　$\delta_i = 0;$

　　　　　　$S_E = S_E - i;$

　　　　　　$S_D = S_D + i$

　　　End if

　　(4) If $\delta_i = 0$ and $b_{i,5} > d_e^i$ then

　　　　　　$\delta_i = d_e^i - b_{i,5};$

　　　　　　$S_D = S_D - i;$

　　　　$S_T = S_T + i$

　　　End if

　　(5) If $\theta = \gamma_{B_i,B_{i+1}}$ then

　　　　　　$B_i = B_i + B_{i+1};$

　　　　　　$\gamma_{i,i+1} = 0;$

　　　　$q = q - 1$

　　　End if

End while

给定一个排列,如图 3-4(a)所示。最后一个加工阶段共有四个工件块,即 $B = \{\{1,2\} \{3\}, \{4,5,6,7\}, \{8\}\}$。首先,计算各个工件块之间的空闲时间:$\{5, 20, 10\}$,其中 5 表示第一个工件块和第二个工件块之间的空闲时间,以此类推。各个工件的提前时间向量为:$\delta^k = \{10, 0, -10, 0, 20, 10, 10, 10\}$。令 $w_1 = 10, w_2 = 10, w_3 = 5$。对于第一个工件块,根据是否提前开工,进行工件划分如下:$S_E = \{1\}$,$S_D = \{2\}$。

在第一次循环中,得到第一个提前开工的工件 π_1^k,判定条件 $w_2 |S_E| - w_3 |S_T| - w_1 \dfrac{|S_{B_i}|}{n} = 10 \times 1 - 10 \times \dfrac{2}{8} = 7.5 > 0$。计算得到:$\Delta = \min \{10, 10\} = 10$,

$\theta=\min\{10,5\}$。这样,第一个工件块可以右移 5 个单位。右移之后,重新计算第一个工件块每个工序的开工时间:$b_{1,5}=85,b_{2,5}=125$,并得到新的提前时间向量:$\delta^{*}=\{5,0,-10,0,20,10,10,10\}$。第一个工件块和第二个工件块之间的空闲时间在右移后去除,从而两个工件块合并,得到新的工件块:$B_{1}=\{1,2,3\}$。图 3-4(b)给出了在第一次循环后得到的甘特图。

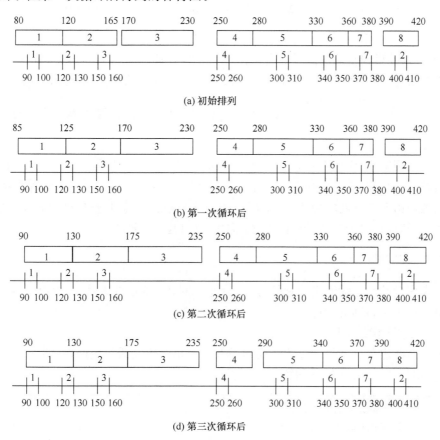

(a) 初始排列

(b) 第一次循环后

(c) 第二次循环后

(d) 第三次循环后

图 3-4　右移策略示意图

在第二次循环中,对第一个工件块进行划分,得到 3 个工件集合,即 $S_{E}=\{1\}$,$S_{D}=\{2\}$,$S_{T}=\{3\}$。记新的工件块中第一个提前加工的工序为 π_{1}^{i},右移判定条件:
$w_{2}|S_{E}|-w_{3}|S_{T}|-w_{1}\dfrac{|S_{B_{i}}|}{n}=10\times1-5\times1-10\times\dfrac{3}{8}>0$。因而,工件块可以右移。由于 $\Delta=\min\{5,5\}=5,\theta=\min\{5,20\}$。工件块可以右移 5 个时间单位。经过第二次右移,第一个工件块的三个工序新的开工时间为:$b_{1,5}=90,b_{2,5}=130,b_{3,5}=175$,并得到新的提前时间向量:$\delta^{*}=\{0,0,-15,0,20,10,10,10\}$。这样,第一个工

件块调整为:$S_D = \{1,2\}$,$S_T = \{3\}$。图 3-4(c)给出了在第二次循环后得到的甘特图。

在第三次循环中,得到新的工件块的第一个提前加工的工序为 π_5^k,即$\{5,6,7\}$作为一个新的工件块。其中,$S_E = \{5,6,7\}$。右移判定条件:$w_2 |S_E| - w_3 |S_T| - w_1 \dfrac{|S_{B_i}|}{n} = 10 \times 3 = 30 > 0$。$\Delta = \min\{10,\}=10$,$\theta = \min\{10,10\}=10$,表示工件块可以右移 10 个时间单位。经过右移后,新的开工时间为:$b_{5,5} = 290$,$b_{6,5} = 340$,$b_{7,5} = 370$,并得到新的提前时间向量:$\delta^* = \{0,0,-15,0,10,0,0,10\}$。最后,得到工件分块为:$B = \{\{1,2,3\},\{4\},\{5,6,7,8\}\}$。对于最后一个工件块,判定条件 $w_2 |S_E| - w_3 |S_T| - w_1 \dfrac{|S_{B_i}|}{n} = 0$,因而,工件块不能右移,右移过程终止。最终的甘特图如图 3-4(d)所示。

可以观察到,应用右移策略前,提前和滞后的惩罚值分别是 600 和 5。应用右移策略后,提前和滞后的惩罚值分别是 200 和 75。需要注意的是,平均滞留时间惩罚值也由于右移而增加 75。因而,应用右移策略后,总体目标值减少 300。由此可见,右移策略对于本节给出的铁水运输调度问题是有效的。

3.4.4　邻域结构

考虑到铁水运输调度问题的特点,为进一步提高算法搜索效率,提出了两层次邻域结构策略,具体如下。

1) 跳跃邻域结构

本节给出了一种结合算法全局和局部搜索能力的跳跃邻域结构,即 ET_skipping 邻域结构。具体策略如算法 3.3 所示。

算法 3.3　跳跃邻域结构计算过程
Procedure ET_skipping()

　　输入:当前解的工件跳跃向量。

　　输出:新产生解的工件跳跃向量。

　　步骤 1　计算提前和滞后惩罚值;

　　步骤 2　如果提前惩罚值大于滞后惩罚值,则随机选择一个普通铁水,并设置其跳跃类为"1""2""3"中的随机值;

　　步骤 3　如果提前惩罚值小于滞后惩罚值,则随机选择一个普通铁水,并设置其跳跃类为"1""2""0"中的随机值;

　　步骤 4　如果提前惩罚值等于滞后惩罚值,则随机选择一个普通铁水,并设置其跳跃类为"0""1""2""3"中的随机值。

2）调度邻域结构

在求解经典 HFS 问题中，插入、交换、成对交换（pairwise swap）、多交换（multi-swap）等邻域结构被广泛采用[38]。潘全科等[38]验证了在求解混合流水车间调度问题中，多交换邻域结构更有效。针对铁水运输调度问题，为平衡算法的全局和局部搜索能力，给出了一种交换和插入邻域随机选择的混合调度邻域结构。图 3-5（a）和图 3-5（b）分别给出了上述两种调度邻域结构。

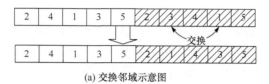

(a) 交换邻域示意图

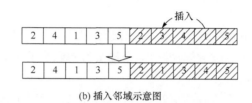

(b) 插入邻域示意图

图 3-5　调度邻域结构

3.4.5　强化局部搜索策略

为进一步提高算法的搜索能力，基于 IG 算法思想，设计了强化局部搜索策略，具体步骤如下。

步骤 1　对于全局最好解，执行以下步骤，直至停止条件得到满足。

步骤 2　析构阶段。随机选取全局最好解跳跃向量中 L_d 个元素，其中 L_d 是系统参数，删除这些选中的 L_d 个元素，并存入临时向量 P_D 中。

步骤 3　重构阶段。对于临时向量 P_D 的每个元素 E_i，执行以下步骤：

步骤 3.1　对于位置 E_i 的元素，随机改变其 skip 类型，并得到改变之后的目标值；

步骤 3.2　选取最好的 skip 值作为当前解；

步骤 3.3　回到步骤 3 继续循环。

3.4.6　算法框架

针对铁水运输调度问题的 ABC 算法的具体框架如下。

步骤 1　初始化阶段。

步骤 1.1　设置系统参数；

步骤 1.2 解集初始化。

步骤 2 评价解集中每个解,选择当前解集中最好解作为当前解,并记录为全局最好解。

步骤 3 如果终止条件满足,则输出全局最好解;否则,执行步骤4~步骤8。

步骤 4 雇佣蜂阶段。

步骤 4.1 设置第 i 个雇佣蜂到第 i 个食物源(解),并采用两阶段邻域结构获取若干个邻域解;

步骤 4.2 选取最好邻域解,并更新全局最好解和当前解。

步骤 5 跟随蜂阶段。

步骤 5.1 令 $i=1,2,\cdots,PS$,重复以下的步骤;

步骤 5.2 在当前解集中随机选取三个解,并选择其中的最好解作为第 i 个跟随蜂的食物源;

步骤 5.3 第 i 个跟随蜂采用两阶段邻域结构获取若干个邻域解;

步骤 5.4 选取最好邻域解,并更新全局最好解和当前解集最差解。

步骤 6 侦察蜂阶段。

步骤 6.1 记录每个蜜蜂的更新迭代次数,并选取最长时间没有更新的解,记为 S_c;

步骤 6.2 针对全局最好解,采用两阶段邻域结构获取若干个邻域解,选取最好邻域解用于更新全局最好解和 S_c。

步骤 7 对全局最好解执行强化局部搜索策略,产生的邻域解用于更新全局最好解。

步骤 8 回到步骤3继续循环。

3.4.7　DABC算法收敛性分析

DABC算法总体框架与基本ABC算法相同,两者主要区别如下。

(1) DABC中设计了一种基于双向量结构的动态编码策略。

(2) DABC中给出了一种基于参考权重的柔性解码策略。

(3) DABC中设计了一种工件右移启发式规则。

(4) DABC中提出了一种跳跃邻域和调度邻域相结合的两层次邻域结构。

(5) DABC中构建了一种基于IG算法的强化局部搜索策略。

上述是对基本ABC算法的改进,对算法收敛性的影响分析如下。

(1) 动态柔性编码和解码策略,一定程度上解决了基于序列的编码策略在解码过程中出现的搜索"盲区"问题,有利于提高算法全局收敛能力。

(2) 工件右移启发式规则,改善了调度方案的目标值,不影响算法全局收敛性。

（3）两层次邻域结构,进一步加强了算法全局搜索能力。

（4）仅对全局最好解执行基于 IG 算法的强化局部搜索策略,不影响算法全局收敛性。

从上述分析来看,DABC 算法的搜索过程满足马尔可夫性。DABC 算法构成的马尔可夫链的转移概率矩阵是正则的。又因为 DABC 算法保留了最优解,进而根据文献[42]定理 6 可知,DABC 算法具有收敛到全局最优解的能力。

3.5　实验比较与分析

3.5.1　实验设置

以 VC++6.0 为开发环境,采用 Intel i7 3.4GHz CPU、16 GB 内存的计算机进行测试。对比算法包括:GA[13]、ABC[32]以及 PSO[31]。选择上述三种算法的主要原因如下:①ABC 用于求解炼钢-连铸中的 HFS 问题。炼钢-连铸是铁水运输调度的后续阶段,二者都是 HFS 问题在实际钢铁生产中的应用;②GA 和 PSO 是两种求解带有 skip 约束的 HFS 问题的有效方法,而铁水运输调度问题是 HFF 的特例,具有其特殊的动态特性。由于目前尚无文献研究所提出的 HFF-D,所以本节选取 GA 和 PSO 作为比较算法。针对铁水运输调度问题,改进并实现了上述三种比较算法。对比算法采用各自文献给出的参数值。所有算法采用相同的终止条件,即算法最大执行时间为 30s。所有比较算法都采用 3.4.2 节给出的解码策略,每个算法针对每个算例独立运行 30 次。所采用的性能比较指标是相对百分增幅（relative percentage increase,RPI）,其计算过程如下:

$$\text{RPI}(C) = \frac{C_c - C_b}{C_b} \times 100 \tag{3.12}$$

其中,C_b 为所有算法求解某个算例得到的最好解对应的目标值;C_c 为某个对比算法求解某个算例得到的最好解对应的目标值。

3.5.2　实验算例

本节给出的算例是根据宝钢铁水运输调度的生产实际,采用随机生成的方法,生成了 15 个不同规模的铁水运输调度问题算例,算例的特征描述如下。

（1）有 4 个用于出铁的高炉,2 个前扒渣装置,5 个脱磷或脱硫机,2 个后扒渣装置以及 5 个铁水倒灌站。

（2）每个鱼雷罐车或工件,如果运载普通铁水,则加工时间在[35,40]内随机生成;如果是特殊类型铁水,则加工时间取值范围为[40,45]。

（3）设备释放时间忽略不计。

（4）两个连续加工阶段的传输时间取值范围为[10,15]。

（5）工件的启动时间合并在其加工时间内。

（6）所有工件的预定倒罐时间窗口为$[300\pm\delta,15n\pm\delta]$，其中 n 表示工件数量，δ 是一个在[0,30]范围内的随机整数。

（7）惩罚系数值，根据实际经验设置如下：$w_1=1,w_2=1,w_3=0.5,w_4=1$。

3.5.3　实验参数

本算法的系统参数包括：解集大小 PS、邻域集合大小 NS、析构/重构长度 L_d、侦查蜂搜索强度 S_t 以及解最大未更新迭代次数 L_n。通过大量实验对比，得到上述 5 个参数的 4 种水平，如表 3-1 所示。针对前 3 个参数 PS、NS 和 S_t，采用正交阵列 $L_{16}(4^3)$ 进行实验分析。每个实验独立运行 30 次，30 次运行后得到的平均目标值作为反应变量（response variable，RV）。图 3-6 给出了前 3 个参数的参数水平示意图。通过 DOE 实验分析[43]，得到算法 5 个关键参数设置值为：PS=50，NS=3，$S_t=10$，$L_d=\dfrac{1}{20}n$，$L_n=20$。

表 3-1　5 个关键参数水平

参数	水平			
	1	2	3	4
PS	10	30	50	100
NS	3	5	10	15
S_t	5	10	15	20
L_d	$\dfrac{1}{4}n$	$\dfrac{1}{5}n$	$\dfrac{1}{10}n$	$\dfrac{1}{20}n$
L_n	10	20	30	40

3.5.4　动态编码策略的有效性

为验证动态编码策略的有效性，实现了两种 DABC 算法，即 DABC$_{ND}$ 和 DABC。两种算法的参数设定相同，唯一的区别是 DABC 算法嵌入了动态编码策略，而 DABC$_{ND}$ 采用传统的基于序列的编码策略。两种算法在相同的硬件环境下，用于测试相同的算例，独立运行 30 次后，得到的平均 RPI 值用于比较分析。实验结果在表 3-2 中给出。

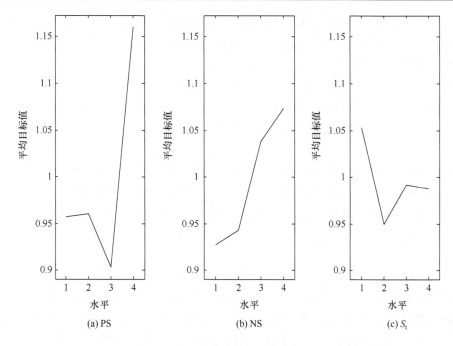

(a) PS　　　　　　　　(b) NS　　　　　　　　(c) S_t

图 3-6　参数水平趋势图

表 3-2　动态编码策略 RPI 比较结果

算例	规模	DABC	DABC$_{ND}$
Case1	40	0.00	93.41
Case2	48	0.00	140.36
Case3	56	0.00	76.23
Case4	64	0.00	196.88
Case5	72	0.00	54.87
Case6	80	0.00	194.97
Case7	88	0.00	239.29
Case8	96	0.00	118.96
Case9	104	0.00	96.58
Case10	112	0.00	325.42
Case11	120	0.00	82.70
Case12	128	0.00	223.94
Case13	136	0.00	88.68
Case14	144	0.00	153.16
Case15	152	0.00	37.82
平均值	—	0.00	141.55

在表 3-2 中,第 1 列给出了算例名称;第 2 列给出了算例的规模,用工件的数量来表示。DABC 和 $DABC_{ND}$ 经过 30 次独立运行后获得的 RPI 值分别在第 3 列和第 4 列给出。由表 3-2 可见:①DABC 在求解上述 15 个算例中,获得了全部较优解,而 $DABC_{ND}$ 则获得了较差的结果;②通过表中最后一行的平均性能比较可见,DABC 表现了较好的平均性能,验证了 DABC 算法的稳定性;③总之,3.4.1 节给出的动态编码策略对于铁水运输调度问题是有效的和可行的。

相比传统的基于序列的编码策略,动态编码策略的优点如下:①在进化的第一阶段,采用基于序列的编码策略,算法可以快速定位到可能的最佳搜索空间,从而可以提高收敛能力;②在进化的第二阶段,算法采用完整的编码策略,可以提高搜索的精度,从而扩展搜索空间;③动态编码策略有效平衡了局部和全局搜索能力。

3.5.5 解码策略的有效性

为验证解码策略的有效性,实现了两种 DABC 算法,即 $DABC_{NF}$ 和 DABC。两种算法的参数设定相同,唯一的区别是 DABC 算法嵌入灵活的解码机制,而 $DABC_{NF}$ 采用传统的解码机制。两种算法在相同的硬件环境下,用于测试相同的算例,独立运行 30 次后,得到的平均 RPI 值用于比较分析。实验结果在表 3-3 中给出。

表 3-3　柔性解码策略 RPI 比较

算例	规模	DABC	$DABC_{NF}$
Case1	40	0.47	0.00
Case2	48	0.00	7.23
Case3	56	0.00	30.62
Case4	64	0.00	26.38
Case5	72	0.00	46.64
Case6	80	0.00	48.99
Case7	88	0.00	37.93
Case8	96	0.00	55.48
Case9	104	0.00	53.45
Case10	112	0.00	64.26
Case11	120	0.00	42.43
Case12	128	0.00	64.67
Case13	136	0.00	75.96
Case14	144	0.00	65.88
Case15	152	0.00	63.73
平均值	—	0.03	45.58

　　由表 3-3 可见：①DABC 在求解上述 15 个算例中获得了全部较优解；②通过表中最后一行的平均性能比较可见，DABC 表现了较好的平均性能，其平均 RPI 值为 0.03，验证了 DABC 算法的稳定性。

3.5.6　右移策略的有效性

　　为验证右移策略的有效性，实现了两种 DABC 算法，即 DABC$_{NR}$ 和 DABC。两种算法的参数设定相同，唯一的区别是 DABC 算法嵌入右移策略。两种算法在相同的硬件环境下，用于测试相同的算例，独立运行 30 次后，得到的平均 RPI 值用于比较分析。实验结果在表 3-4 中给出。

表 3-4　右移策略 RPI 比较结果

算例	规模	DABC	DABC$_{NR}$
Case1	40	0.00	112.97
Case2	48	0.00	78.64
Case3	56	0.00	94.75
Case4	64	0.00	100.28
Case5	72	0.00	80.69
Case6	80	0.00	84.05
Case7	88	0.00	81.46
Case8	96	0.00	76.47
Case9	104	0.00	71.22
Case10	112	0.00	83.70
Case11	120	0.00	72.04
Case12	128	0.00	72.55
Case13	136	0.00	74.99
Case14	144	0.00	77.36
Case15	152	0.00	76.75
平均值	—	0.00	82.53

　　由表 3-4 可见：①DABC 在求解上述 15 个算例中，获得了全部较优解；②通过表中最后一行的平均性能比较可见，DABC 表现了较好的平均性能，其平均 RPI 值为 0.00，验证了 DABC 算法的稳定性。

3.5.7　跳跃邻域结构的有效性

　　为验证跳跃邻域结构的有效性，实现了两种 DABC 算法，第一种采用 3.4.4 节给出的 ET_skipping 跳跃邻域结构，第二种算法采用传统的 Mutation 邻域结构。

两种算法在相同的硬件环境下,用于测试相同的算例,独立运行 30 次后,得到的平均 RPI 值用于比较分析。实验结果在表 3-5 中给出。

表 3-5　跳跃邻域结构 RPI 比较

算例	规模	ET_skipping	Mutation
Case1	40	0.31	0.00
Case2	48	0.00	1.09
Case3	56	0.00	3.01
Case4	64	0.00	6.82
Case5	72	0.00	5.54
Case6	80	0.00	9.91
Case7	88	0.00	18.21
Case8	96	0.00	13.70
Case9	104	0.00	17.49
Case10	112	0.00	24.24
Case11	120	0.00	28.44
Case12	128	0.00	25.34
Case13	136	0.00	30.34
Case14	144	0.00	44.36
Case15	152	0.00	38.88
平均值	—	0.02	17.82

由表 3-5 可见:①DABC 在求解上述 15 个算例中,获得了其中的 14 个较优解;②通过表中最后一行的平均性能比较可见,DABC 表现了较好的平均性能,其平均 RPI 值为 0.02,验证了 DABC 算法的稳定性。

3.5.8　与现有算法的比较

为了获得公平的比较,本节对 GA、PSO、ABC 三种算法分别实现了两种类型编码:①在第一种类型中,每一种比较算法采用各自文献中的关键组件,即编码/解码策略,邻域结构和局部或全局搜索的方法等,在此,命名第一种类型的比较算法为:GA-I、PSO-I 和 ABC-I。另外,在 GA-I、PSO-I 和 ABC-I 算法中,都采用 3.5.1 节给出的跳跃向量,用于存储各个工序的 skip 状态。②在第二种比较算法类型中,每个比较算法都采用相同的组件,包括相同的编码/解码策略,右移策略和解集初始化方法等。除此之外,所有比较算法采用自己的进化机制,命名第二种类型的比较算法为:GA-II、PSO-II 和 ABC-II。所有比较算法对每个算例独立运行 30 次,获得的平均 RPI 值作为比较对象。算法终止条件是最大计算时间 100s。

1) 与 GA-I、PSO-I 和 ABC-I 算法的比较

表 3-6 给出了 DABC 算法与 GA-I、PSO-I 和 ABC-I 等三种比较算法的比较结果。由表可见：①与其他三种算法相比，所提出的 DABC 算法获得了全部 15 个算例的较优解，明显好于其他比较算法；②由最后一行的平均性能可见，DABC 算法获得 0.00 的 RPI 值，明显优于次好算法 ABC-I，其获得了 131.73 的平均 RPI 值；③与第一种类型的三种算法相比，DABC 算法具有较好的效率和鲁棒性。

表 3-6　DABC 与 GA-I、PSO-I 和 ABC-I 比较

算例	规模	DABC	GA-I	ABC-I	PSO-I
Case1	40	0.00	184.80	148.76	189.86
Case2	48	0.00	133.02	126.39	139.34
Case3	56	0.00	171.21	147.27	148.16
Case4	64	0.00	180.26	152.74	192.77
Case5	72	0.00	151.20	129.58	146.26
Case6	80	0.00	130.90	141.60	129.18
Case7	88	0.00	150.57	116.58	129.32
Case8	96	0.00	153.02	144.88	146.25
Case9	104	0.00	144.16	138.60	161.69
Case10	112	0.00	163.65	136.21	134.74
Case11	120	0.00	106.76	121.24	117.85
Case12	128	0.00	144.32	121.61	120.97
Case13	136	0.00	161.30	126.05	122.02
Case14	144	0.00	119.04	116.52	133.70
Case15	152	0.00	183.24	107.85	114.83
平均值		0.00	151.83	131.73	141.80

与 GA-I、PSO-I 和 ABC-I 算法相比，DABC 算法的主要优点如下：①动态编码和灵活解码策略增加了 DABC 算法的灵活性，扩展了搜索空间；②不同的邻域结构有效平衡了算法的全局和局部搜索能力；③右移策略降低了解的目标值，从而提高了解的质量；④加强的局部搜索过程，进一步提高了 DABC 算法的局部搜索能力。

2) 与 GA-II、PSO-II 和 ABC-II 算法的比较

表 3-7 给出了 DABC 算法与 GA-II、PSO-II 和 ABC-II 等三种算法的比较结

果。由表可见：①在与其他三种算法相比，所提出的 DABC 算法获得了全部 15 个算例的较优解，明显好于其他比较算法；②由最后一行的平均性能可见，DABC 算法获得 0.00 的 RPI 值，明显优于次好算法 ABC-II，其获得了 3.60 的平均 RPI 值；③与 GA-II、PSO-II 和 ABC-II 算法的比较结果进一步验证了 DABC 算法的性能和鲁棒性。

表 3-7　DABC 与 GA-II、PSO-II 和 ABC-II 比较

算例	规模	DABC	GA-II	ABC-II	PSO-II
Case1	40	0.00	5.10	1.33	3.15
Case2	48	0.00	7.92	1.62	1.56
Case3	56	0.00	6.63	3.05	2.98
Case4	64	0.00	4.09	2.32	4.06
Case5	72	0.00	7.36	1.23	2.79
Case6	80	0.00	8.76	1.22	6.80
Case7	88	0.00	5.92	2.90	5.61
Case8	96	0.00	6.02	2.10	8.70
Case9	104	0.00	8.05	2.03	5.97
Case10	112	0.00	10.01	3.40	5.01
Case11	120	0.00	11.02	2.35	4.02
Case12	128	0.00	11.98	3.47	7.01
Case13	136	0.00	6.03	8.89	7.02
Case14	144	0.00	11.99	8.03	10.02
Case15	152	0.00	12.01	10.11	10.05
平均值		0.00	8.19	3.60	5.65

图 3-7 给出了应用 Holm 多重比较实验后，DABC 算法与 GA-II、PSO-II 和 ABC-II 等三种算法的两两比较的结果。由图 3-7 可见，DABC 算法与其他算法相比，具有显著的优势，进而验证了 DABC 算法的有效性。

为了进一步验证在不同加权值，即赋予不同惩罚指标不同系数的情况下，所提出 DABC 算法的性能，表 3-8 给出了 DABC 算法与 GA-II、PSO-II 和 ABC-II 算法在加权系数向量＝{0.5,1,1,1}的情况下的比较结果。表 3-8 和图 3-8 进一步验证 DABC 算法在不同惩罚系数下，都具有良好的性能，验证了 DABC 算法的鲁棒性。

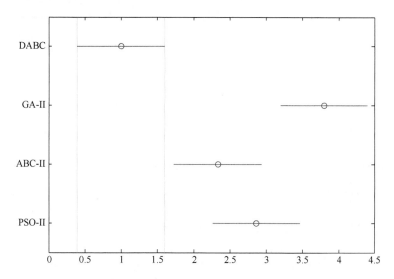

图 3-7 DABC 与 GA-II、PSO-II 和 ABC-II 比较图($w_1=1, w_2=1, w_3=0.5, w_4=1$)

表 3-8 DABC 与 GA-II、PSO-II 和 ABC-II 比较($w_1=0.5, w_2=1, w_3=1, w_4=1$)

算例	规模	DABC	GA-II	ABC-II	PSO-II
Case1	40	0.00	9.98	1.77	2.15
Case2	48	0.00	10.04	4.08	2.97
Case3	56	0.00	7.98	3.93	2.20
Case4	64	0.00	6.27	5.47	5.38
Case5	72	0.00	6.04	4.29	3.40
Case6	80	0.00	7.90	5.08	3.53
Case7	88	0.00	7.71	2.29	3.81
Case8	96	0.00	12.01	3.06	9.60
Case9	104	0.00	15.02	1.28	4.00
Case10	112	0.00	1.08	1.28	5.02
Case11	120	0.00	14.89	2.76	5.10
Case12	128	0.00	18.03	2.12	8.02
Case13	136	0.18	13.01	0.00	10.80
Case14	144	0.00	19.87	2.04	12.03
Case15	152	0.00	24.86	9.07	12.97
平均值		0.01	11.65	3.23	6.07

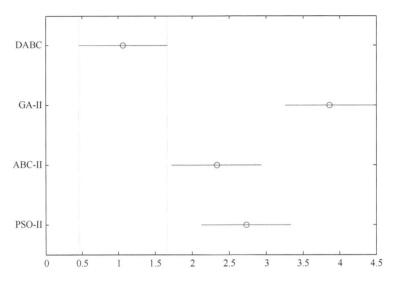

图 3-8　DABC 与 GA-II、PSO-II 和 ABC-II 比较图($w_1=0.5,w_2=1,w_3=1,w_4=1$)

与 ABC-II 算法相比,DABC 算法的主要优势有以下几点:①不同的邻域结构有效平衡了算法的全局和局部搜索能力;②增强的局部搜索方法,能够进一步提高局部搜索能力;③改进的侦察蜂策略可以提高搜索能力,同时保持全局搜索能力。上述优点同样表现在与 GA-II 和 PSO-II 的比较中。与 GA-II 和 PSO-II 相比,DABC 算法的其他优势有以下几点:①雇佣蜂策略提高了算法的搜索能力;②跟随蜂进一步加强了算法的局部挖掘能力;③侦查蜂进一步提高了算法的全局搜索能力,进而避免算法陷入"早熟"。

3.6　本 章 小 结

铁水运输调度问题是钢铁生产中的第一个主要流程,也是事关后期炼钢-连铸和热轧过程效率的关键阶段。宝钢作为我国国内主要的钢铁生产企业,拥有复杂和完善的铁水运输调度生产流程,其铁水运输调度生产过程的特点可以提炼成带有动态工序跳跃约束的 HFS 问题。结合铁水运输调度问题特点,设计了动态编码和灵活解码策略,增加了 DABC 算法的灵活性,扩展了搜索空间;基于问题知识的启发式规则有效地改善了给定调度方案;加强的局部搜索过程,进一步提高了DABC 算法的局部搜索能力;结合宝钢实际铁水运输调度数据,随机生成多个实用算例;通过算法对比分析,验证了所给出算法的有效性和实用性。

参 考 文 献

[1] Tang L,Liu J,Rong A,et al. A mathematical programming model for scheduling steelma-

king—continuous casting production[J]. European Journal of Operational Research, 2000, 120(2):423-435.

[2] 黄辉. 炼铁-炼钢区间铁水优化调度方法及应用[D]. 沈阳:东北大学,2013.

[3] Wittrock R J. Scheduling algorithms for flexible flowlines[J]. IBM Journal of Research and Development,1985,29(4):401-412.

[4] Leon V J, Ramamoorthy B. An adaptable problem-space-based search method for flexible flow line scheduling[J]. IIE transactions,1997,29(2):115-125.

[5] Kurz M E, Askin R G. Comparing scheduling rules for flexible flowlines[J]. International Journal of Production Economics,2003,85(3):371-388.

[6] Quadt D, Kuhn H. A taxonomy of flexible flow line schedulingprocedures[J]. European Journal of Operational Research,2007,178(3):686-698.

[7] Kurz M E, Askin R G. Scheduling flexible flow lines with sequence-dependent setuptimes[J]. European Journal of Operational Research,2004,159(1):66-82.

[8] Tang L, Wang G, Liu J. A branch-and-price algorithm to solve the molten iron allocation problem in iron and steel industry[J]. Computers & Operations Research,2007,34(10):3001-3015.

[9] Ruiz R, Şerifoğlu F S, Urlings T. Modeling realistic hybrid flexible flowshop scheduling problems[J]. Computers & Operations Research,2008,35(4):1151-1175.

[10] Tseng C T, Liao C J, Liao T X. A note on two-stage hybrid flowshop scheduling with missing operations[J]. Computers & Industrial Engineering,2008,54(3):695-704.

[11] Naderi B, Zandieh M, Ghomi S M T F. A study on integrating sequence dependent setup time flexible flow lines and preventive maintenance scheduling[J]. Journal of intelligent manufacturing,2009,20(6):683-694.

[12] Zandieh M, Karimi N. An adaptive multi-population genetic algorithm to solve the multi-objective group scheduling problem in hybrid flexible flowshop with sequence-dependent setup times[J]. Journal of Intelligent Manufacturing,2011,22(6):979-989.

[13] Defersha F M, Chen M. Mathematical model and parallel genetic algorithm for hybrid flexible flowshop lot streaming problem[J]. The International Journal of Advanced Manufacturing Technology,2012,62(1-4):249-265.

[14] Li Z, Chen Q, Mao N, et al. Scheduling rules for two-stage flexible flow shop scheduling problem subject to tail group constraint[J]. International Journal of Production Economics, 2013,146(2):667-678.

[15] Marichelvam M K, Prabaharan T, Yang X S. Improved cuckoo search algorithm for hybrid flow shop scheduling problems to minimize makespan[J]. Applied Soft Computing,2014, 19:93-101.

[16] 轩华,唐立新. 实时无等待 HFS 调度的一种拉格朗日松弛算法[J]. 控制与决策,2006, 21(4):376-380.

[17] Ruiz R, Vázquez Rodríguez J A. The hybrid flow shop scheduling problem [J]. European

　　　 Journal of Operational Research,2010,205:1-18.

[18] Ruiz R,Maroto C. A genetic algorithm for hybrid flowshops with sequence dependent setup times and machine eligibility [J]. European Journal of Operational Research,2006,169:781-800.

[19] Ribas I,Leisten R,Framinan J M. Review and classification of hybrid flow shop scheduling problems from a production systems and a solutions procedure perspective [J]. Computers & Operations Research,2010,37:1439-1454.

[20] Gupta J N D. Two-stage,hybrid flow shop scheduling problem [J]. Journal of the Operational Research Society,1988,39:359-364.

[21] Brah S A,Hunsucker J L. Branch and bound algorithm for the flow-shop with multiple processors[J]. European Journal of Operational Research,1991,51:88-99.

[22] Gupta J N D,Tunc E A. Scheduling a two-stage hybrid flowshop with separable setup and removal times[J]. European Journal of Operational Research,1994,77:415-428.

[23] Lin H T,Liao C J. A case study in a two-stage hybrid flow shop with setup time and dedicated machines[J]. International Journal of Production Economics,2003,86:133-143.

[24] Lee G C,Kim Y D. A branch-and-bound algorithm for a two-stage hybrid flowshop scheduling problem minimizing total tardiness[J]. International Journal of Production Research,2004,42:4731-4743.

[25] Garey M R,Johnson D S,Sethi R. The complexity of flowshop and jobshop scheduling[J]. Mathematics of Operations Research,1976,1(2):117-129.

[26] Tran T H,Ng K M. A hybrid water flow algorithm for multi-objective flexible flow shop scheduling problems[J]. Engineering Optimization,2013,45(4):483-502.

[27] Yang J. Minimizing total completion time in a two-stage hybrid flow shop with dedicated machines at the first stage[J]. Computers & Operations Research,2015,58:1-8.

[28] Chamnanlor C,Sethanan K,Gen M,et al. Embedding ant system in genetic algorithm for re-entrant hybrid flow shop scheduling problems with time window constraints[J]. Journal of Intelligent Manufacturing,2015:1-17,doi:10. 1007/s10845-015-1078-9.

[29] Niu Q,Zhou T,Ma S. A quantum-inspired immune algorithm for hybrid flow shop with makespan criterion [J]. Journal of Universal Computer Science,2009,15:765-785.

[30] Tavakkoli-Moghaddam R,Safaei N,Sassani F. A memetic algorithm for the flexible flow line scheduling problem with processor blocking[J]. Computers & Operations Research,2009,36(2):402-414.

[31] Naderi B,Gohari S,Yazdani M. Hybrid flexible flowshop problems:Models and solution methods[J]. Applied Mathematical Modelling,2014,38(24):5767-5780.

[32] Wang X,Tang L. A tabu search heuristic for the hybrid flowshop scheduling with finite intermediate buffers[J]. Computers & Operations Research,2009,36(3):907-918.

[33] Pan Q K,Wang L,Mao K,et al. An effective artificial bee colony algorithm for a real-world hybrid flowshop problem in steelmaking process[J]. IEEE Transactions on Automation Sci-

ence and Engineering,2013,10(2):307-322.

[34] Sun L, Luan F. Near optimal scheduling of steel-making and continuous casting process based on charge splitting policy[J]. IFAC-PapersOnLine,2015,48(3):1610-1615.

[35] 毛坤. Lagrange 松弛水平优化方法及其在炼钢-连铸生产调度问题中的应用研究[D]. 沈阳:东北大学,2014.

[36] 王凌. 车间调度及其遗传算法[M]. 北京:清华大学出版社,2003.

[37] 王凌,刘波. 微粒群优化与调度算法[M]. 北京:清华大学出版社,2008.

[38] 潘全科,高亮,李新宇. 流水车间调度及其优化算法[M]. 武汉:华中科技大学出版社,2013.

[39] 王万良,吴启迪. 生产调度智能算法及应用[M]. 北京:科学出版社,2007.

[40] Pinedo M. Scheduling:Theory,Algorithms and Systems[M]. 3rd. New York:Springer-Verlag,2008.

[41] Wegener I. Complexity Theory:Exploring the Limits of Efficient Algorithms [M]. Berlin:Springer,2005.

[42] Rudolph G. Convergence analysis of canonical genetic algorithms[J]. IEEE Transactions on Neural Networks,1994,5(1):96-101.

[43] Montgomery D C. Design and Analysis of Experiments[M]. 北京:人民邮电出版社,2007.

第4章　炼钢-连铸调度优化方法

在充分考虑动态路径选择约束条件下,第 3 章对铁水运输调度问题开展了研究。在钢铁生产过程中,高炉产生的符合一定条件的铁水,被运送到指定转炉进行炼钢-连铸阶段的加工。因而,本章对炼钢-连铸生产过程中 HFS 问题开展研究。炼钢-连铸加工过程主要约束条件是,在最后一个加工阶段,即连铸阶段,工件必须连续加工,同时必须考虑设备维修(preventive maintenance,PM)约束条件。

与经典 HFS 问题最大的不同之处在于,炼钢-连铸调度中最后一个加工阶段工件具有连续加工约束,同时还应考虑设备维修加工约束条件。如果出现断浇现象,则必须加大惩罚力度,确保断浇最小化。与第 3 章的铁水运输调度问题最大的不同之处在于,炼钢-连铸调度中不存在动态工序跳跃约束,而是增加了连铸约束和设备维修加工约束。本章的主要研究内容分为三部分。

第一部分针对炼钢-连铸调度问题,结合目标特点和约束条件,即连铸约束和设备维修加工约束,对问题进行数学建模。

第二部分是算法的应用研究。结合炼钢-连铸调度问题结构特征和目标特点,设计了一种改进的离散自适应人工蜂群算法(improved discrete self-adaptive ABC,IDABC),包括适合问题的编码机制、考虑约束的解码策略,同时提出了多种邻域结构和自适应邻域选择机制。针对求解问题的 ABC 算法框架,给出了结合上述启发式规则和邻域结构的算法框架。

第三部分是算法实验分析。结合宝钢炼钢-连铸实际生产数据,随机生成多个算例;算法对比分析包括两部分:第一部分验证 ABC 算法求解不含设备维修时间约束的炼钢-连铸调度问题,第二部分进行带设备维修时间约束的实验对比分析。通过上述两部分算法对比分析,验证了所给出算法的有效性和实用性。

4.1　带设备维修约束的炼钢-连铸 HFS 问题的研究现状

炼钢-连铸加工过程包括炼钢、精炼、连铸三道工序[1]。首先,炼铁过程产出的高温铁水倒入转炉,通过转炉将冶炼加工后的铁水转换成钢水。之后,钢水倒入钢包中,并运载到精炼炉进一步精炼。精炼后的钢水被运送到连铸机进行连铸加工,最后形成板坯并运送到热轧生产流程进一步加工。总体来看,炼钢-连铸是一个高能耗的过程,好的调度方案可以有效降低钢水温度的损耗,从而降低能耗并提高生产效益。在钢铁生产过程中,炼钢-连铸调度问题通常认为是提高生产能力的瓶颈和关键工序。由于包含一些特殊的工业生产约束,炼钢-连铸问题可以看成一种非常复杂的 HFS 问题。

炼钢-连铸问题得到了广泛关注和研究。精确算法是较早用于求解炼钢-连铸问题的一类方法[2-14],典型的包括线性规划方法[2-4]、拉格朗日松弛法[5,8,14]、基于规则的启发式方法[6,7,9-13]等。上述精确算法主要针对某一类特定问题,提出相应的启发式规则或策略,使得算法缺乏通用性。

近年来,群体智能优化算法在求解炼钢-连铸问题中得到了广泛应用,典型的包括遗传算法[15,16]、TS 算法[17]、教学优化(teaching-learning-based optimization,TLBO)算法[18]、ABC 算法[19]等。上述单一的优化算法存在各自局限性,例如,有的优化算法全局搜索能力弱,易于陷入局部最优,从而使算法出现“早熟”现象。算法混合在一定程度上可以提高单一优化算法的全局或局部搜索的能力,因而成为近年来研究的热点。采用算法混合求解炼钢-连铸 HFS 问题的典型算法包括:Atighehchian 等[20]的迭代算法、蚁群优化算法和非线性优化的混合方法,朱道飞等[21]的遗传算法与蚁群算法相结合的混合智能算法,苏志雄等[22]的遗传与线性规划相结合的方法,马文强等[23]的人工蜂群与邻域搜索结合的方法,赵宁等[24]的贪心与反贪心算法和邻域搜索相混合的方法。

由炼钢-连铸 HFS 问题的研究现状可见,当前文献主要考虑连铸阶段炉次连续加工约束。然而,现实生产过程中,加工设备或者需要定期维修,或者可能存在突发事件影响炉次的正常加工。综合考虑设备维修约束和动态重调度等现实生产条件,设计求解炼钢-连铸的优化算法,亟待有效解决。

4.2　炼钢-连铸 HFS 问题描述

钢铁生产中炼钢-连铸 HFS 问题是一个比较复杂的工业生产过程,其中主要包含以下三个连续加工阶段:炼钢(steelmaking)、精炼(refining)和连铸(continuous casting),如图 4-1 所示。

炼钢-连铸主要流程如下[25]。

第一阶段:高温铁水由铁水加工阶段的高炉进入转炉,转炉中的工件称为“炉次”,以“炉次”为单位,在转炉中经过快速脱碳、快速升温、供氧转换、脱磷等工序,产生符合一定温度和工艺要求的钢水。

第二阶段:转炉生产出的钢水放置在钢包中,由天车、台车运送到精炼炉进行精炼加工。精炼阶段,又称为二次冶金阶段,主要有 RH 和 LF 两种设备。RH 设备为钢水炉次提供脱碳、脱硫等多种功能;LF 设备主要提供脱氧、脱硫、去除夹杂物和排渣等功能。

第三阶段:精炼后产出的钢水运载到连铸机进行加工。在连铸阶段,高温钢水

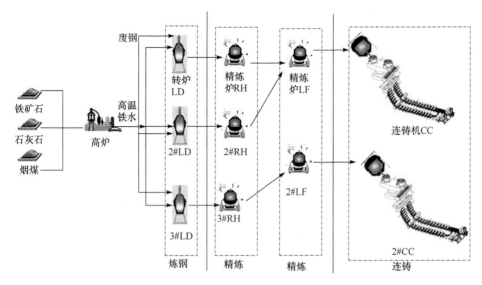

图 4-1　连铸机浇注示意图

经由连铸机固化、冷却、拉流、切割等过程形成板坯,并为热轧工序或其他工序提供原料。

　　由炼钢-连铸的基本过程可见,炼钢-连铸 HFS 问题可以建模为包含三个连续加工阶段,每个加工阶段有多台并行加工设备的 HFS 问题。

4.3　炼钢-连铸中 HFS 问题建模

4.3.1　问题假设

　　考虑实际生产过程中,关键设备需要定期维修,本章考虑炼钢-连铸生产过程中带设备维修时间约束的 HFS 问题。有 n 个工件(炉次),m 个设备,s 个加工阶段,该问题的一般假设如下。

　　(1) 加工阶段 j 有 m_j 个加工能力不同的加工设备,其中 $m_j \geqslant 1$。

　　(2) 连续加工的两个阶段 j 和 $j+1$ 之间存在足够缓冲区。

　　(3) 每个工件 i 包含一个加工序列,O_{ij} 代表工件 i 在加工阶段 j 的加工工序。

　　(4) 所有工件按照相同的加工顺序经过所有加工阶段,不允许出现跳跃工序。

　　(5) 每个工件经过每个加工阶段时,要选择一个且只能选择一个加工设备进行加工。

　　(6) 某个时间点,每个设备只能加工一个工件,每个工件只能在一个设备上加工。

（7）所有工件和设备在开始时刻就绪。

（8）抢占是不允许的,即每个工件在开始加工后必须在加工任务完成后才可离开加工设备。

（9）启动时间可以忽略,加工时间和传输时间是预知的、确定的。

（10）设备 k 有固定的维修时间窗口,设备可以在指定维修时间窗口内进行维修,维修期内不允许加工工件。

4.3.2 变量和下标

基于上述问题假设,下面给出问题建模的变量和下标。

1）下标

i：工件下标（$i=1,2,\cdots,n$）。

k：设备下标（$k=1,2,\cdots,m$）。

j：加工阶段下标（$j=1,2,\cdots,s$）。

p：浇次下标（$p=1,2,\cdots,l$）。

2）变量

n：工件总数量。

m：加工设备总数量。

l：最后阶段浇次总数量。

M：设备集合,$M=\{M_1,M_2,\cdots,M_m\}$。

J：工件集合,$J=\{J_1,J_2,\cdots,J_n\}$。

C：浇次集合,$C=\{C_1,C_2,\cdots,C_l\}$。

$p_{i,j}$：工件 i 在加工阶段 j 上的加工时间。

$T_{j,j+1}$：加工阶段 j 到 $j+1$ 的传输时间。

ST_p：最后加工阶段,浇次 p 的启动时间。

D_p：浇次 p 预定开工时间。

PM_k^b：加工设备 k 的常规维修时间窗口的开始时间。

PM_k^e：加工设备 k 的常规维修时间窗口的结束时间。

d_k：加工设备 k 的维修持续时间。

3）决策变量

$b_{i,j}$：工件 i 在加工阶段 j 的开工时间。

$e_{i,j}$：工件 i 在加工阶段 j 的完工时间。

b_p：浇次 p 的开工时间。

e_p：浇次 p 的完工时间。

$$x_{i,j,k} = \begin{cases} 1, & \text{炉次 } i \text{ 在加工阶段 } j \text{ 先于设备 } k \text{ 的维修开始加工} \\ -1, & \text{炉次 } i \text{ 在加工阶段 } j \text{ 晚于设备 } k \text{ 的维修开始加工} \\ 0, & \text{其他} \end{cases}$$

$$z_{p,q} = \begin{cases} 1, & \text{在同一连铸机上,浇次 } q \text{ 是浇次 } p \text{ 的紧后浇次} \\ 0, & \text{其他} \end{cases}$$

4.3.3　数学模型

基于上述变量和下标,炼钢-连铸中带有设备维修时间约束 HFS 问题的模型建立如下:

$$\min f = F_1 \times C_1 + F_2 \times C_2 + F_3 \times C_3$$

$$F_1 = \sum_{i=1}^{n} \frac{b_{i,s} - e_{i,1}}{n} \tag{4.1}$$

$$F_2 = \sum_{p=1}^{l} \max(0, D_p - b_p) \tag{4.2}$$

$$F_3 = \sum_{p=1}^{l} \max(0, b_p - D_p) \tag{4.3}$$

$$\text{s.t.} \quad \sum_{k \in M_j} x_{i,j,k} = 1, \quad \forall i \in J, \quad j \in \{1, 2, \cdots, s\} \tag{4.4}$$

$$b_{i,j+1} - (b_{i,j} + p_{i,j} + T_{j,j+1}) \geqslant 0, \quad \forall i \in J, \quad j \in \{1, 2, \cdots, s\} \tag{4.5}$$

$$e_q - (b_p + ST_q) z_{p,q} \geqslant 0, \quad p, q \in \{1, 2, \cdots, l\} \tag{4.6}$$

$$\text{PM}_k^b - e_{i,j} x_{i,j,k} \geqslant 0, \quad \forall i \in J, \quad j \in \{1, 2, \cdots, s\}, \quad k \in M \tag{4.7}$$

$$b_{i,j} + \text{PM}_k^e x_{i,j,k} \geqslant 0, \quad \forall i \in J, \quad j \in \{1, 2, \cdots, s\}, \quad k \in M \tag{4.8}$$

$$x_{i,j,k} \in \{0, 1\}, \quad \forall i \in J, \quad j \in \{1, 2, \cdots, s\}, \quad k \in M \tag{4.9}$$

$$z_{p,q} \in \{0, 1\}, \quad p, q \in \{1, 2, \cdots, l\} \tag{4.10}$$

其中,式(4.1)～式(4.3)给出了调度问题的三个目标,即平均等待时间、提前/滞后惩罚。其中,平均等待时间计算所有工件在第一阶段完工时间到最后一个阶段开工之间的等待时间的平均值。最小化平均等待时间可以有效缩短工件在系统中的滞留时间,从而避免炉次钢水的温度流失,进而降低成本,提高经济效益。约束(4.4)限定每个工件在每个加工阶段,选择一个且只能选择一个设备进行加工。约束(4.5)描述同一工件的工序间的先后约束关系。约束(4.6)限定在同一连铸机上连续加工的两个浇次之间不能出现加工时间重叠,即后续加工的浇次开工时间应该不小于前继浇次的完工时间和本浇次启动时间之和。约束(4.7)和约束(4.8)描述了工件的加工和设备维修时间不能冲突。约束(4.9)和约束(4.10)定义了变量的取值范围。

4.4　炼钢-连铸中 HFS 问题的算法研究

4.4.1　问题编码

　　针对求解带设备维修时间约束的 HFS 问题,算法采用基于序列的编码方法,该方法已广泛应用于求解流水车间调度问题[26,27]。编码采用长度为 n 的整数向量,每个整数表示一个工件,数字的排列顺序代表工件的调度顺序。例如,在一个实际炼钢-连铸生产过程中,由 16 个炉次、3 个加工阶段、7 台加工设备组成,每个加工阶段包含 2～3 台并行加工设备,这些设备加工能力相同,因而属于并行设备 HFS 问题。每台设备都有指定的维修时间窗口,维修工作必须在这个指定的时间窗口内完成,即一旦维修时间确定,工件的加工必须或者早于维修时间,或者晚于维修时间,设备维修时间内不能加工任何工件。表 4-1 给出了 16 个工件在所有加工阶段的加工时间。假设给定一个解编码为$\{0,9,1,10,2,11,3,4,12,5,13,14,6,15,7,8\}$,编码中第一个数字为 0,其含义为工件 0 第一个被调度;最后一个数字为 8,表示工件 8 最后一个被调度。

表 4-1　加工时间表

加工阶段	J_0	J_1	J_2	J_3	J_4	J_5	J_6	J_7	J_8	J_9	J_{10}	J_{11}	J_{12}	J_{13}	J_{14}	J_{15}
阶段 1	47	41	46	46	39	41	41	38	38	49	43	38	47	45	45	42
阶段 2	38	41	42	37	42	49	36	48	42	44	43	37	45	41	50	40
阶段 3	42	48	37	43	41	37	38	37	48	44	40	39	40	49	42	40

　　由于上述编码没有包含设备分配信息,算法在解码过程中,工件到达任意阶段后,一旦被调度,则选择第一个可用设备进行加工。需要注意的是,炼钢-连铸过程中最后一个阶段具有特殊性,所有工件需要在指定的连铸机上加工。具体解码过程如下。

　　步骤 1　在第一个加工阶段,每个工件或炉次选择第一个可用设备进行加工,设备选定后,按选择该设备的工件调度顺序依次排序加工。

　　步骤 2　接下来的加工阶段中(除最后一个加工阶段),工件在完成上一个加工阶段加工后,随即传输到下一个阶段,并选择第一个可用设备进行加工。

　　步骤 3　在最后一个加工阶段(即连铸阶段),工件被分配到到指定连铸机上,并按照指定规则分配到指定的浇次,按照浇次顺序连续加工。给定一个解$\{0,9,1,10,2,11,3,4,12,5,13,14,6,15,7,8\}$,在不考虑设备维修时间的情况下,其对应的某个甘特图如图 4-2 所示。

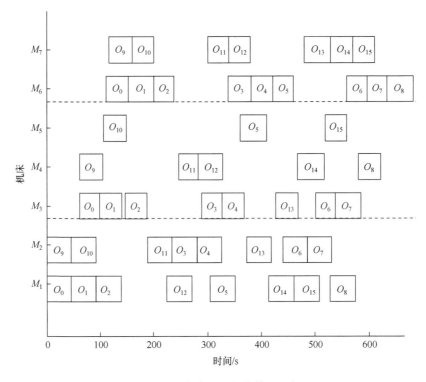

图 4-2　不考虑 PM 的甘特图示例

4.4.2　考虑设备维修时间约束的解码策略

上述编码策略没有考虑到设备维修时间约束。本节探讨前期加工工作不可恢复情况下(non-resumable cases)的工件加工,即如果某个工件在某台设备上正在加工,该设备被安排维修,则该工件在该设备上的前期加工工作被终止且不能继续,直到设备维修完成,该工件才能重新在该设备上开工。本节设计了两种解码策略,即前向解码策略和后向解码策略。

1. 前向解码策略

如果存在某个转炉或精炼设备,其维修时间与某个炉次 $\pi(i)$ 的加工时间冲突,解码策略需要调整炉次 $\pi(i)$ 的开工时间。记 v_k 为待维修的设备 k 的维修开始时间,给出右移策略,即向右移动维修开始时间,以便尽可能安排炉次在维修开工之前完成加工。具体右移策略如算法 4.1 所示。

算法 4.1 schedule_PM_forward 伪代码

Procedure schedule_PM_forward()

输入：

$[\mathrm{PM}_k^b, \mathrm{PM}_k^e]$：维修任务时间窗口；

$[s_{i,j}, c_{i,j}]$：不考虑设备维修时间下，炉次 $\pi(i)$ 在加工阶段 j 的开工时间和完工时间。

输出：考虑设备维修时间下，炉次 $\pi(i)$ 在加工阶段 j 的开工时间。

步骤 1　如果下列条件符合，则执行步骤 2，否则，停止算法。

$(\mathrm{PM}_k^b \leqslant s_{ij} \leqslant \mathrm{PM}_k^e) \vee (\mathrm{PM}_k^b \leqslant c_{ij} \leqslant \mathrm{PM}_k^e) \vee (s_{ij} \leqslant \mathrm{PM}_k^b \wedge c_{ij} \geqslant \mathrm{PM}_k^e)$

步骤 2　右移：设置 $v_k = \mathrm{PM}_k^e - d_k$ 和

$$s_{i,j} = \begin{cases} \mathrm{PM}_k^b, & \text{若 } \pi(i) \text{ 可以在时间窗}[\mathrm{PM}_k^b, v_k]\text{内加工} \\ \mathrm{PM}_k^e, & \text{否则} \end{cases}$$

基于上述右移策略，前向解码策略具体步骤如下。

步骤 1　炼钢阶段。从当前解中提取炉次 $\pi(i)$，记 u_k 为设备 m_k 的可用时间。其中，$k \in M_1$。找到第一个符合条件的转炉 k^* 满足 $u_{k^*} = \min\limits_{k \in M_1}\{u_k\}$。这样，不考虑设备维修时间，炉次 $\pi(i)$ 的开工时间记为 $s_{i,1} = u_{k^*}$。设备 k^* 的可用时间记为 $u_{k^*} = s_{i,1} + p_{i,1}$。如果炉次 $\pi(i)$ 与当前设备的维修时间冲突，则应用上述右移策略，移动维修时间，以便在维修时间之前加工炉次 $\pi(i)$。

步骤 2　精炼阶段。本节考虑带有多重精炼的实际炼钢-连铸生产过程，在实际问题中，至少包含一重精炼，最多包含四重精炼。炉次 $\pi(i)$ 在完成炼钢阶段后，被牵引到精炼炉进行精炼。精炼阶段中第一个满足条件 $u_{k^*} = \min\limits_{k \in M_2}\{u_k\}$ 的设备 k^* 被选中。如果该设备的维修时间与炉次 $\pi(i)$ 的加工时间冲突，则应用上述右移策略。设备分配完成后，所有炉次在指定的精炼炉内排序调度，其开工时间为 $s_{i,2} = \max\{u_{k^*}, c_{i,1} + T_{1,2}\}$。其后的精炼阶段同第一重精炼。

步骤 3　连铸阶段。记 $\gamma(i)$ 为包含炉次 $\pi(i)$ 的浇次，k 为加工浇次 $\gamma(i)$ 的连铸机，则在不考虑连铸的情况下，计算炉次 $\pi(i)$ 的开工时间 $s_{i,s} = \max\{ST_{\gamma(i)}, u_k, c_{i,s-1} + T_{s-1,s}\}$。如果炉次 $\pi(i)$ 是浇次 $\gamma(i)$ 的第一个炉次，则 $u_k = 0$；否则，记连铸机的可用时间为 $u_k = s_{i,s} + p_{i,s}$。

2. 后向解码策略

考虑最后阶段连铸约束，同一个浇次内的炉次应该保证连续加工。另外，为最小化平均等待时间，炉次的加工应确保紧凑型，即等待时间最短。基于上述思想，后向解码策略具体步骤如下。

步骤 1　连铸阶段。在连铸阶段,由于连铸约束,实际生产中连铸机没有定期维修要求。记 $\gamma(i)$ 为包含炉次 $\pi(i)$ 的浇次,k 为加工浇次 $\gamma(i)$ 的连铸机,在考虑连铸约束下,炉次的开工时间为

$$s_{i,s} = \begin{cases} \max\{\mathrm{ST}_{\gamma(i)}, u_k, c_{i,s-1} + T_{s-1,s}, b_{\gamma(i)}\}, & i \text{ 是浇次 } \gamma(i) \text{ 的第一个炉次} \\ \max\{u_k, c_{i,s-1} + T_{s-1,s}\}, & \text{其他} \end{cases}$$

这里,如果炉次 $\pi(i)$ 是浇次 $\gamma(i)$ 的第一个炉次,则 $u_k = 0$;否则,记连铸机的可用时间为 $u_k = s_{i,s} + p_{i,s}$。

步骤 2　精炼阶段。设置完成连铸阶段每个炉次的开工时间后,依次从最后一重精炼到第一重精炼决定每个炉次 $\pi(i)$ 的开工时间。在最后一重精炼阶段,不考虑设备维修时间情况下,炉次 $\pi(i)$ 的开工时间设置为:$s_{i,s-1} = \min\{u_k, s_{i,s} - T_{s-1,s}\}$;如果炉次 $\pi(i)$ 的开工时间与所分配设备的维修时间冲突,则炉次 $\pi(i)$ 的开工时间设置为:$s'_{i,s-1} = \min\{\mathrm{PM}_k^e - d_k, s_{i,s-1} + p_{i,s-1}\}$。其余精炼阶段依次类推。

步骤 3　炼钢阶段。为每个炉次设置完精炼阶段的开工时间后,需要重新设置每个炉次在炼钢阶段的开工时间:如果炉次 $\pi(i)$ 与所分配的设备的维修时间没有冲突,则其开工时间为 $s_{i,1} = \min\{u_k, s_{i,2} - T_{1,2}\}$;如果炉次 $\pi(i)$ 与所分配的设备的维修时间发生冲突,则其开工时间为 $s'_{i,1} = \min\{\mathrm{PM}_k^e - d_k, s_{i,1} + p_{i,1}\}$。

给定炼钢-连铸算例,其加工时间如表 4-1 所示,设备维修任务如表 4-2 所示。对应不考虑 PM 甘特图如图 4-3 所示,采用后向策略在无进化优化下的甘特图如图 4-4 所示,经过一定迭代优化后的甘特图如图 4-5 所示。由上述图例可见,后向策略可以有效降低解的目标值,优化过程进一步提高了解的质量。

表 4-2　设备维修任务

PM 任务		时间窗		Duration(d_{kl})
		PM_k^b	PM_k^e	
M_1	PM_{11}	145	160	11
M_2	PM_{21}	255	280	14
M_3	PM_{31}	323	343	14
M_4	PM_{41}	342	369	16
M_5	PM_{51}	279	306	15
M_6	PM_{51}	768	803	18
M_7	PM_{51}	504	524	18

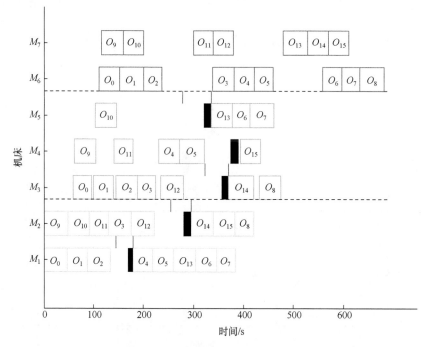

图 4-3　不考虑 PM 后向策略甘特图

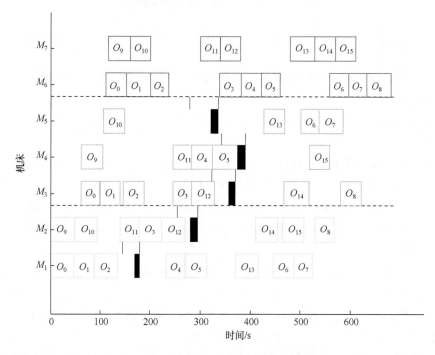

图 4-4　考虑 PM 单纯后向策略甘特图

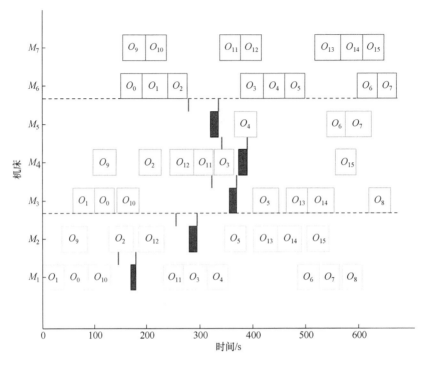

图 4-5　考虑 PM 后向策略优化甘特图

4.4.3　邻域结构

考虑炼钢-连铸问题特点,并平衡局部和全局搜索能力,本节设计了以下几种邻域结构。

(1) 成对交换邻域,记为 N_1:①在解中选择随机两个位置;②交换这两个位置的元素。

(2) 前向插入邻域,记为 N_2:①在解中选择随机两个位置 r_1 和 r_2,其中满足条件 $r_1 < r_2$;②把位于 r_2 位置的元素插入到位置 r_1 之前。

(3) 逆转邻域,记为 N_3:①在解中选择随机两个位置 r_1 和 r_2,其中满足条件 $r_1 < r_2$;②交换位于这两个随机位置的所有元素,交换的方式是第一个和最后一个交换,以此类推,如图 4-6 所示。

(4) 多交换邻域,记为 N_4:①在$[h_1, h_2]$,随机选择一个数字 h 表示循环次数,其中 h_1, h_2 分别表示循环次数的下限和上限;②循环以下步骤 h 次:随机选择一个位置 r_1,交换 r_1 两侧的两个元素。如果 $r_1 = 1$,则交换位置 2 和位置 n 的两个元素;如果 $r_1 = n$,则交换位置 $n-1$ 和 1 的两个元素。

(5) 多插入邻域,记为 N_5:①在$[h_1, h_2]$,随机选择一个数字 h 表示循环次数,

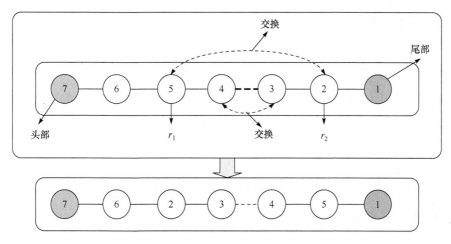

图 4-6　邻域结构 N_3

其中 h_1, h_2 分别表示循环次数的下限和上限;②循环以下步骤 h 次:随机选择一个位置 r_1,把 r_1 右侧的元素插入到 r_1 左侧。如果 $r_1 = 1$,则把位置 2 的元素插入到位置 n 之前;如果 $r_1 = n$,则把位置 1 的元素插入到位置 $n-1$ 之前。

4.4.4　自适应邻域选择机制

4.4.3 节给出的邻域结构在不同进化阶段,具备不同的作用。有些有利于局部搜索,有些有利于全局搜索。因而,如何动态选择上述邻域结构至关重要。本节给出一种自适应邻域选择机制,具体步骤如下。

步骤 1　设置两个向量表,分别是邻域结构向量表(neighborhood vector,NV)和占优邻域向量表(wining neighborhood vector,WNV)。初始化必要参数,包括 NV 的长度 N_s,写入概率(refill probability,R_p)。

步骤 2　初始化 NV:随机选择一个邻域结构,填入邻域结构向量表 NV,直到 NV 的长度达到 N_s。

步骤 3　清空 WNV,并循环以下步骤。

步骤 4　如果 NV 非空,选择位于 NV 中第一个邻域,并产生一个邻域解。如果新产生的邻域解优于当前解,则将选中的邻域结构填入 WNV 表中。

步骤 5　如果 NV 为空而 WNV 非空,则把 WNV 中所有邻域结构依次填入 NV 中;若经过上述操作,NV 还有空间,则空闲位置填入规则如下:75% 的概率从 WNV 中选择邻域,25% 的概率随机选择一个邻域结构。

步骤 6　如果 WNV 和 NV 都为空,则 NV 的填入规则如下:50% 的概率从上一个 NV 中选择邻域,50% 的概率随机选择一个邻域结构。

4.4.5　解集初始化

初始化的具体步骤如下。

步骤 1　随机产生一个解。

步骤 2　采用右移策略,调度每个待加工炉次,直到最后一个阶段。

步骤 3　按照在最后一个阶段的开工时间升序排列每个炉次,产生的一个工件排列记为新解。如果产生的新解在当前解集中没有出现,则把该解插入解集;否则,忽略之。

步骤 4　循环上述 3 个步骤,直到解集的大小达到 PS。

4.4.6　雇佣蜂策略

雇佣蜂搜索过程的具体实现步骤如下。

步骤 1　对每个解 S_i,执行以下步骤 SN 次循环。

步骤 2　为解 S_i 产生一个邻域解,邻域结构采用自适应邻域选择方法。

步骤 3　评价新产生的邻域解。

步骤 4　如果新产生的邻域解优于全局最好解,则替换后者;如果优于当前解,则替换后者。

步骤 5　更新邻域向量表 NV 和 WNV。

4.4.7　侦查蜂策略

侦查蜂搜索过程的具体实现步骤如下。

步骤 1　对当前解集,执行步骤 2 和步骤 3。

步骤 2　按照每个解的目标值升序排列整个解集。

步骤 3　用全局最好的解替换当前解集中最差的解。

4.4.8　全局搜索过程

针对较大规模的 HFS 问题,最关键的是如何提高算法的全局搜索能力,避免算法早熟,进而在保证算法收敛能力的同时,使得算法能找到全局最优解。本节针对上述问题给出了一种全局搜索过程,具体步骤如下。

步骤 1　为每个解 S_i 建立一个更新迭代次数计数器 UIN,以记录其自上次更新以来经过的迭代周期数。UIN 值越大,表示对应解较长时间没有更新,从而,该解过于"早熟"。

步骤 2　在每个迭代周期,如果一个解被新产生的邻域解替代,即该解找到了更好的邻域解,则设置该解的 UIN 为 0;否则,该解的 UIN 为 1。

步骤 3　按照 UIN 值升序排列整个解集。

步骤 4　找到 UIN 最大的解,如果其 UIN 值大于指定的参数值 L_n,则选择该解;如果存在多个符合条件的解,则随机选择一个。

步骤 5　针对全局最好解,执行基于雇佣蜂搜索的过程若干次,产生的邻域解直接替换步骤 4 选中的解。

4.4.9　算法框架

基于 ABC 算法框架的具体步骤如下。

步骤 1　初始化阶段。

步骤 1.1　设置系统参数;

步骤 1.2　初始化解集。

步骤 2　评价解集中的每个解。

步骤 3　如果终止条件满足,则终止算法;否则,执行以下步骤。

步骤 4　执行雇佣蜂搜索的过程。

步骤 5　执行侦查蜂搜索的过程。

步骤 6　执行全局搜索过程。

步骤 7　跳转到步骤 3。

4.4.10　算法收敛性分析

IDABC 算法总体框架与基本 ABC 算法相同,两者主要区别如下。

(1) IDABC 算法中设计了前向和后向结合的解码策略,前向策略有效降低了滞后惩罚目标值,后向策略则有效降低了平均等待时间目标值。

(2) IDABC 算法中给出了成对交换、前向插入、逆转、多交换和多插入等五种邻域结构,并设计了一种基于双向量表的自适应邻域选择机制。

上述对基本 ABC 算法的改进,对算法收敛性的影响分析如下。

(1) 前向和后向结合的解码策略在一定程度上改善了给定的调度策略,不影响算法全局收敛能力。

(2) 五种邻域结构和自适应邻域选择机制,有效平衡了算法全局和局部搜索能力。

从上述分析来看,IDABC 算法的搜索过程满足马尔可夫性。IDABC 算法构成的马尔可夫链的转移概率矩阵是正则的。又因为 IDABC 算法保留了最优解,进而根据文献[28]定理 6 可知,IDABC 算法具有收敛到全局最优解的能力。

4.5　实验比较与分析

4.5.1　实验设置

以 VC++6.0 为开发环境,采用 Intel i7 3.4 GHz CPU、16 GB 内存的计算机进行测试。

本章实验分为两部分,如下所示。

第一部分为验证优化算法求解不含设备维修时间约束的炼钢-连铸调度问题。对比算法包括:hGA[29]、GAS[30]、TSSCS[31],以及 ABC[19]。

第二部分进行带设备维修时间约束的实验对比分析。对比算法包括:hGA、GAS、TSSCS 和 ABC。

对比上述算法主要考虑如下几个原因:①hGA、GAS、TSSCS 和 ABC 是当前解决 HFS 问题的有效算法;②GAS 和 ABC 是求解带实际约束 HFS 问题的有效算法。目前还没有文献研究带设备维修时间约束的炼钢-连铸调度问题,因而,我们改进了上述比较算法用于求解该类问题,对比算法采用各自文献给出的参数值。所有算法采用相同的终止条件,即算法最大执行时间为 30s。所有比较算法都采用 4.4.5 节给出的初始化方法和 4.4.2 节给出的解码方案,每个算法针对每个算例独立运行 30 次,采用 RPI 指标进行实验比较分析。

4.5.2　实验算例

在实际炼钢-连铸生产数据的基础上,随机生成 20 个不同规模的调度问题算例,具体如下。

(1) 炼钢-连铸生产过程主要包含三个阶段:炼钢、精炼和连铸。精炼阶段又划分为 1~3 重精炼子阶段。因此,实验选择 3~6 个加工阶段。

(2) 炼钢阶段有 5~6 台并行加工的转炉;精炼阶段有 5~6 台并行的精炼炉;连铸阶段有 5~6 台并行的连铸机。

(3) 每个连铸机每个工作日加工 3~4 个浇次,每个浇次每次连续加工 2~6 个炉次或工件。这样,每个工作日大约可连续加工 15~24 个浇次,共计约 120 个炉次或工件。

(4) 每个工件或炉次,其加工时间是预知的并且是常量,每个炉次在三个加工阶段的加工时间取值范围为 [36,50]。算例生成时,在此取值范围内随机取值。

(5) 对每个加工设备,释放时间不考虑。

(6) 两个连续加工的阶段之间,传输时间在取值范围 [10,15] 内随机选取。

（7）每个浇次的启动时间固定为 100。

（8）每个连铸机的预定开工时间为该连铸机第一个浇次的第一个炉次的估计开工时间。

（9）每个设备的维修时间窗口设置如下：①计算不考虑设备维修时间下，各个炉次在最后阶段的开工时间，并记所有炉次的最大开工时间为 s_{max}；②对其他所有加工阶段，执行以下步骤：在阶段 j，令 $s_{max} = s_{max} - 20$；令 $m_a = s_{max} \times (j/s)$，$m_i = s_{max} \times ((j-1)/s)$；③对加工阶段 $j-1$ 的每个设备 k，令 d_k 的取值范围为 $[10, 20]$，PM_k^b 的取值范围为 $[m_i, m_i + m_a]$，PM_k^e 的取值范围为 $[PM_k^b + d_k, PM_k^b + 2d_k]$。

4.5.3　实验参数

通过反复实验，设置如下参数：$N_s = 10$，$R_p = 0.75$，$L_n = 20$。其他两个关键参数：解集大小 PS 和邻域集合大小 SN。通过大量实验对比，得到上述两个参数的四种水平，如表 4-3 所示。针对参数 PS 和 SN，采用正交阵列 $L_{16}(4^2)$ 进行实验分析。每个实验独立运行 30 次，30 次运行后得到的平均目标值作为反应变量（RV），如表 4-4 所示。图 4-7 给出了参数水平趋势示意图。由图可知，本算法关键参数设置值为：PS=10，SN=3。

表 4-3　参数水平

参数	水平			
	1	2	3	4
PS	10	30	50	100
SN	1	3	5	10

表 4-4　正交阵列和 RV 值

实验编号	系数		RV
	PS	SN	
1	1	1	2492.02
2	1	2	2475.52
3	1	3	2511.98
4	1	4	2486.23
5	2	1	2494.05
6	2	2	2487.80
7	2	3	2491.07
8	2	4	2502.68

实验编号	系数		RV
	PS	SN	
9	3	1	2505.16
10	3	2	2485.11
11	3	3	2496.95
12	3	4	2486.73
13	4	1	2493.93
14	4	2	2484.05
15	4	3	2495.66
16	4	4	2497.52

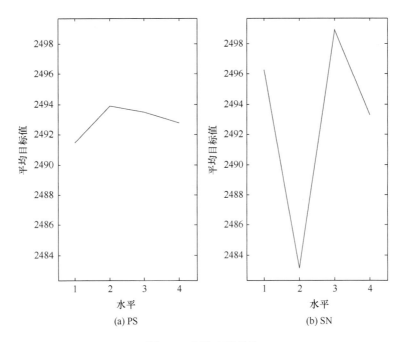

(a) PS　　　　　　　(b) SN

图 4-7　参数水平趋势

4.5.4　不考虑设备维修约束实验分析

　　针对上述 20 个随机生成的算例,表 4-5 给出了求解目标值 RPI 指标的比较结果,表中第一列给出了所求解的问题,第二列给出了问题的规模,其中三个数字分别表示阶段数目、工件数目和设备数目。由表可见:①IDABC 算法获得了 20 个算例中的 10 个较好解,明显优于其他对比算法。ABC 算法是其他比较算法中最好的一个,其获得了 5 个较好解。②表中最后一行给出了求解 20 个随机算例各个比较算法得到的平均 RPI 值。由最后一行可见,IDABC 算法得到了 0.26,明显好于其他对比算法。排在其后的算法分别是:ABC、GAS、TSSCS 和 hGA。

表 4-5　最好解 RPI 值比较结果　　　　　　　　(单位:s)

算例	规模	hGA	GAS	TSSCS	ABC	IDABC
Case1	3-62-16	8.13	2.32	1.30	**0.00**	0.77
Case2	3-58-17	1.76	2.54	3.02	**0.00**	0.08
Case3	3-68-16	**0.00**	1.54	2.15	0.27	0.87
Case4	3-90-15	3.58	3.45	2.55	0.39	**0.00**
Case5	3-84-18	5.74	4.42	6.13	7.51	**0.00**
Case6	4-79-23	0.23	0.47	1.10	**0.00**	0.15
Case7	4-67-23	2.98	0.81	1.03	0.41	**0.00**
Case8	4-70-22	1.77	2.38	2.64	1.82	**0.00**
Case9	4-104-22	8.26	3.67	2.73	2.86	**0.00**
Case10	4-77-22	4.07	2.70	2.18	3.04	**0.00**
Case11	5-78-28	0.76	0.10	**0.00**	0.51	0.21
Case12	5-91-27	1.56	0.69	0.79	0.89	**0.00**
Case13	5-73-26	1.76	0.01	0.77	0.77	**0.00**
Case14	5-72-26	1.72	1.46	1.74	**0.00**	0.26
Case15	5-91-28	2.08	0.47	**0.00**	1.02	1.39
Case16	6-99-33	1.92	**0.00**	2.81	1.86	1.22
Case17	6-103-32	0.38	**0.00**	0.41	0.36	0.03
Case18	6-98-34	0.72	0.41	0.15	**0.00**	0.12
Case19	6-79-33	0.65	0.71	1.37	0.19	**0.00**
Case20	6-88-33	3.91	0.21	0.65	0.92	**0.00**
平均值		2.60	1.42	1.68	1.14	**0.26**

注:表中粗体表示比较算法找到的最好解,下同。

为验证上述实验结果是否在统计意义上存在明显差别,采用方差分析方法(analysis of variance,ANOVA)进行实验分析。图 4-8 给出了在置信度 95% 的区间内,五种比较算法获得的最好解的比较示意图。图 4-9 给出了在置信度 95% 的区间内,五种比较算法获得的平均解的比较示意图。由图 4-8 和图 4-9 可见,

IDABC 算法明显优于其他比较算法。

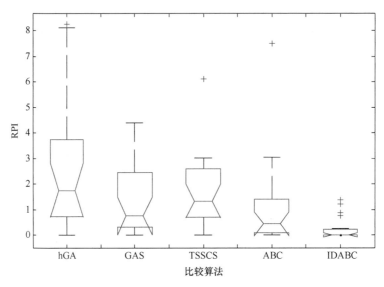

图 4-8　五种算法最好解比较置信区间

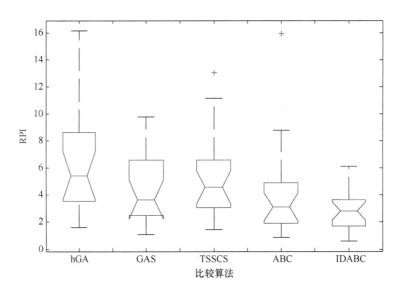

图 4-9　五种算法平均解比较置信区间

　　表 4-6 给出了五种比较算法平均解的比较结果。由表可见：①平均情况下，IDABC 算法获得了 17 个较优解；②由最后一行可见，IDABC 算法具备良好的平均性能。表 4-7 给出了五种比较算法的运行时间。由表 4-7 可见，IDABC 算法所用计算时间最短，验证了算法的效率。

表 4-6　平均解 RPI 值比较结果　　　　　　　　（单位：s）

算例	规模	hGA	GAS	TSSCS	ABC	IDABC
Case1	3-62-16	16.15	9.01	11.15	8.81	**4.97**
Case2	3-58-17	7.86	6.53	6.53	5.13	**4.95**
Case3	3-68-16	10.24	4.83	7.90	4.71	**3.67**
Case4	3-90-15	9.44	9.81	9.23	4.00	**3.21**
Case5	3-84-18	13.53	8.40	13.08	15.94	**6.13**
Case6	4-79-23	2.22	2.35	3.00	1.70	**1.55**
Case7	4-67-23	4.82	2.87	4.20	2.16	**1.69**
Case8	4-70-22	5.97	5.05	5.73	**3.27**	3.69
Case9	4-104-22	12.61	6.95	6.37	6.80	**3.37**
Case10	4-77-22	7.56	6.68	6.69	5.76	**4.08**
Case11	5-78-28	3.18	2.38	4.70	**1.59**	1.77
Case12	5-91-27	4.34	3.26	4.44	**2.45**	2.59
Case13	5-73-26	3.93	2.66	2.49	2.64	**0.91**
Case14	5-72-26	5.20	4.29	4.82	3.80	**3.39**
Case15	5-91-28	6.74	3.00	4.33	3.08	**2.68**
Case16	6-99-33	5.28	4.10	4.47	2.97	**2.96**
Case17	6-103-32	1.62	1.88	2.09	1.02	**0.69**
Case18	6-98-34	1.91	1.06	1.44	0.86	**0.62**
Case19	6-79-33	2.95	2.60	3.17	**1.61**	1.73
Case20	6-88-33	5.65	2.01	2.65	3.18	**2.01**
平均值		6.56	4.49	5.42	4.07	**2.83**

表 4-7　计算时间比较结果　　　　　　　　（单位：s）

算例	规模	hGA	GAS	TSSCS	ABC	IDABC
Case1	3-62-16	8.69	12.12	12.06	12.14	8.07
Case2	3-58-17	6.85	7.75	14.65	12.37	8.69
Case3	3-68-16	12.82	9.30	7.53	14.02	8.64
Case4	3-90-15	11.77	14.78	13.52	14.81	10.08
Case5	3-84-18	11.46	14.03	13.95	17.05	9.43
Case6	4-79-23	7.83	10.07	6.98	15.50	10.74
Case7	4-67-23	8.73	8.23	9.95	12.87	9.49
Case8	4-70-22	7.32	12.15	12.10	12.60	10.90

算例	规模	hGA	GAS	TSSCS	ABC	IDABC
Case9	4-104-22	12.02	17.89	11.51	17.03	14.99
Case10	4-77-22	8.43	13.30	12.37	14.59	9.89
Case11	5-78-28	12.88	10.83	11.47	17.63	9.44
Case12	5-91-27	13.58	14.15	12.11	17.53	12.95
Case13	5-73-26	8.21	10.61	9.49	11.50	11.07
Case14	5-72-26	10.61	13.12	9.27	15.10	9.72
Case15	5-91-28	12.22	15.36	10.46	14.43	11.24
Case16	6-99-33	12.47	13.29	8.64	17.80	9.26
Case17	6-103-32	16.16	18.22	10.04	16.88	10.43
Case18	6-98-34	15.79	18.43	7.84	17.62	7.55
Case19	6-79-33	9.04	15.00	10.72	15.87	10.06
Case20	6-88-33	15.55	16.29	9.87	16.16	12.05
平均值		11.12	13.25	10.83	15.17	**10.23**

4.5.5 带设备维修约束实验分析

表 4-8 给出了求解带有设备维修时间约束的算例的比较结果。表中第一列给出了所求解的问题,第二列给出了问题的规模,其中三个数字分别表示阶段数目、工件数目和设备数目。其后五列分别给出了 hGA、GAS、ABC、TSSCS 和 IDABC所获得最好解的目标值。由表可见:①IDABC 算法获得了 20 个算例中的全部最好解,明显优于其他对比算法;②表中最后一行给出了求解 20 个随机算例各个比较算法得到的平均 RPI 值。由最后一行可见,IDABC 算法得到的 RPI 值为 0.04,明显好于其他对比算法。排在其后算法的分别是:ABC、GAS、TSSCS 和 hGA。

表 4-8　带设备维修时间约束的炼钢-连铸算例比较结果　　　(单位:s)

算例	规模	hGA	GAS	ABC	TSSCS	IDABC
Case1	3-62-16	0.26	0.64	0.66	0.44	**0.04**
Case2	3-58-17	0.15	0.22	0.11	0.11	**0.01**
Case3	3-68-16	0.31	0.23	0.19	0.23	**0.03**
Case4	3-90-15	0.26	0.14	0.16	0.27	**0.01**
Case5	3-84-18	0.15	0.60	0.13	1.24	**0.02**
Case6	4-79-23	0.12	0.28	0.12	0.27	**0.02**
Case7	4-67-23	0.76	0.33	0.13	0.32	**0.01**

续表

算例	规模	hGA	GAS	ABC	TSSCS	IDABC
Case8	4-70-22	0.08	0.07	0.11	0.23	**0.01**
Case9	4-104-22	1.06	0.57	0.41	0.81	**0.05**
Case10	4-77-22	0.40	0.33	0.25	0.34	**0.01**
Case11	5-78-28	0.64	0.60	0.14	0.80	**0.01**
Case12	5-91-27	0.94	1.20	0.52	1.25	**0.10**
Case13	5-73-26	3.42	0.39	1.46	2.03	**0.01**
Case14	5-72-26	5.27	0.74	3.42	4.12	**0.02**
Case15	5-91-28	0.80	2.07	1.14	0.85	**0.04**
Case16	6-99-33	1.24	1.37	0.54	1.46	**0.13**
Case17	6-103-32	1.14	1.17	0.22	1.20	**0.03**
Case18	6-98-34	0.67	0.56	0.45	0.51	**0.04**
Case19	6-79-33	0.86	0.65	1.34	0.97	**0.11**
Case20	6-88-33	2.79	2.11	0.45	0.70	**0.03**
平均值		1.07	0.71	0.60	0.91	**0.04**

图 4-10 给出了在置信度 95% 的区间内, 五种比较算法获得的平均解的比较示意图。由图可见, IDABC 算法明显优于其他比较算法。由上述实验分析可见, 结合目标特点和问题特征的 IDABC 算法, 适合用于求解带有设备维修时间约束的炼钢-连铸调度问题。

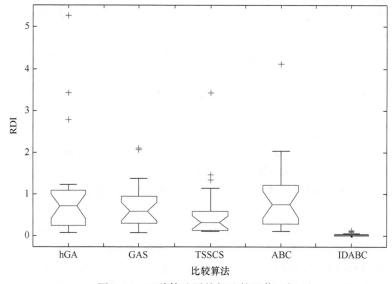

图 4-10　五种算法平均解比较置信区间

4.6　本　章　小　结

　　炼钢-连铸是钢铁生产中的第二个主要流程,也是事关后期热轧生产效率的关键阶段,是钢铁生产企业最核心的生产流程之一。本章结合炼钢-连铸调度问题的特点,研究和解决最后加工阶段连续加工约束的 HFS 问题。结合约束条件(即连铸约束和设备维修加工约束)和目标特点,对问题进行数学建模;给出了适合问题的编码策略、考虑约束的解码策略,同时给出了多种邻域结构和自适应邻域选择机制;结合宝钢炼钢-连铸实际生产数据,随机生成多个实用算例;算法对比分析验证了所给出算法的有效性和实用性。

参 考 文 献

[1] 毛坤. Lagrange 松弛水平优化方法及其在炼钢-连铸生产调度问题中的应用研究[D]. 沈阳:东北大学,2014.

[2] 唐立新,杨自厚. 炼钢-连铸生产调度问题研究[J]. 钢铁,1996,31(11):27-30.

[3] 唐立新,杨自厚,王梦光. 基于准时制的炼钢-连铸生产调度问题研究[J]. 自动化学报,1998,24(1):9-14.

[4] 刘光航,李铁克. 炼钢-连铸生产调度模型及启发式算法[J]. 系统工程,2002,20(6):44-48.

[5] 朱宝琳,于海斌. 炼钢-连铸-热轧生产调度模型及算法研究[J]. 计算机集成制造系统,2003,9(1):33-36.

[6] 俞胜平,郑秉霖,柴天佑. 炼钢连铸混合智能调度方法及其应用[J]. 华东理工大学学报(自然科学版),2006,32(7):844-848.

[7] 李建祥,唐立新,吴会江. 带运输和设置时间的无等待并行流水车间调度问题研究 [J]. 系统工程理论与实践,2006,26(1):18-25.

[8] 轩华,唐立新. 实时无等待 HFS 调度的一种拉格朗日松弛算法 [J]. 控制与决策,2006,21(4):376-380.

[9] 唐秋华,陈伟明,蒋国璋,等. 基于 JIT 的炼钢-连铸生产调度模型研究[J]. 武汉科技大学学报(自然科学版),2008,31(1):78-82.

[10] Missbauer H,Hauber W,Stadler W. A scheduling system for the steelmaking-continuous casting process. A case study from the steel-making industry[J]. International Journal of Production Research,2009,47(15):4147-4172.

[11] 轩华. 含串行批处理机的三阶段混合流水车间调度问题[J]. 计算机集成制造系统,2012,18(5):1006-1010.

[12] Xuan H,Li B. Scheduling dynamic hybrid flowshop with serial batching machines[J]. Journal of the Operational Research Society,2012,64(6):825-832.

[13] Tan Y,Liu S. Models and optimisation approaches for scheduling steelmaking-refining-continuous casting production under variable electricity price[J]. International Journal of Pro-

duction Research,2014,52(4):1032-1049.

[14] 毛坤,潘全科,庞新富.求解炼钢-连铸生产调度问题的拉格朗日算法[J].系统工程学报,
　　 2014,29(2):233-245.

[15] 李铁克,苏志雄.炼钢连铸生产调度问题的两阶段遗传算法 [J].中国管理科学,2009,
　　 17(5):68-74.

[16] 卢克斌.炼钢-连铸生产计划与调度的优化方法研究及应用[D].沈阳:东北大学,2010.

[17] Tang L,Luo J,Liu J. Modelling and a tabu search solution for the slab reallocation problem
　　 in the steel industry[J]. International Journal of Production Research,2013,51(14):
　　 4405-4420.

[18] 马文强,张超勇,唐秋华,等.基于混合教与学优化算法的炼钢连铸调度研究[J].计算机集
　　 成制造系统,2015,21(5):1271-1278.

[19] Pan Q K,Wang L,Mao K,et al. An effective artificial bee colony algorithm for a real-world
　　 hybrid flowshop problem in steelmaking process[J]. IEEE Transactions on Automation Sci-
　　 ence and Engineering,2013,10(2):307-322.

[20] Atighehchian A,Bijari M,Tarkesh H. A novel hybrid algorithm for scheduling steel-making
　　 continuous casting production[J]. Computers & Operations Research,2009,36(8):
　　 2450-2461.

[21] 朱道飞,郑忠,高小强.炼钢连铸作业计划的混合遗传优化与仿真分析[J].计算机工程与应
　　 用,2010,46(1):241-245.

[22] 苏志雄,李铁克,王伟玲.求解炼钢连铸生产调度问题的改进算法[J].计算机工程与应用,
　　 2011,47(5):242-245.

[23] 马文强,唐秋华,张超勇,等.基于离散人工蜂群算法的炼钢连铸调度优化方法[J].计算机
　　 集成制造系统,2014,20(3):586-594.

[24] 赵宁,李亮,杜彦华.多阶段人机协同的炼钢-连铸调度方法[J].计算机集成制造系统,
　　 2014,20(7):1675-1683.

[25] 庞新富.炼钢-连铸生产重调度方法及其应用[D].沈阳:东北大学,2011.

[26] 潘全科,高亮,李新宇.流水车间调度及其优化算法[M].武汉:华中科技大学出版社,2013.

[27] 王凌.车间调度及其遗传算法[M].北京:清华大学出版社,2003.

[28] Rudolph G. Convergence analysis of canonical genetic algorithms[J]. IEEE Transactions on
　　 Neural Networks,1994,5(1):96-101.

[29] Ruiz R,Maroto C,Alcaraz J. Two new robust genetic algorithms for the flowshop schedul-
　　 ingproblem[J]. Omega,2006,34(5):461-476.

[30] Yaurima V,Burtseva L,Tchernykh A. Hybrid flowshop with unrelated machines,sequence-
　　 dependent setup time,availability constraints and limited buffers[J]. Computers & Industrial
　　 Engineering,2009,56(4):1452-1463.

[31] Wang X,Tang L. A tabu search heuristic for the hybrid flowshop scheduling with finite
　　 intermediate buffers[J]. Computers & Operations Research,2009,36(3):907-918.

第 5 章 热轧调度优化方法

第 2 章对铁水运输调度过程中的 HFS 问题进行研究,第 3 章对炼钢-连铸过程中的 HFS 问题进行建模和算法研究。本章针对钢铁生产过程中热轧工序的 HFS 问题进行建模和算法研究。在实际热轧生产调度中,工件有其特殊的温度约束,由于相应的缓冲设备需要提供保温功能,考虑成本的制约,阶段之间的缓冲区是有限的。在有限缓冲区的约束下,工件在完成上一个阶段的加工后,会选择继续在当前阶段等待或者在缓冲区出现空闲后,选择在缓冲区等待。增加了有限缓冲区约束,使得带有限缓冲区约束的 HFS-LB (HFS with limited buffer)问题相比经典 HFS 问题更加困难。针对求解 HFS-LB 问题的文献还很少,大量研究有限缓冲区约束的文献集中于求解经典流水车间调度问题。基于此,本章拟采用混合 ABC 算法,求解大规模 HFS-LB 问题。主要研究内容分为以下三部分。

第一部分针对热轧问题,结合目标特点和约束条件,对问题进行描述。

第二部分是算法的应用研究。结合热轧调度问题结构特征和目标特点,给出了包括适合问题的编码策略、考虑有限缓冲区约束的解码策略;同时给出了多种邻域结构和基于 TS 的自适应邻域选择机制,以及基于 TS 的局部搜索策略;针对求解问题的 ABC 算法框架,给出了结合上述启发式规则和邻域结构的算法框架。

第三部分是算法实验分析。为了验证所提出的结合人工蜂群和禁忌搜索的混合算法(ABC&TS, TABC)的有效性,结合宝钢热轧实际生产数据,随机生成多个实用算例。通过算法对比分析,验证了所给出算法的有效性和实用性。

5.1   有限缓冲区热轧调度问题的研究现状

热轧流程的主要生产工序为:将炼钢-连铸加工过程输出的板坯送到加热炉进行加热,待板坯达到符合要求的温度后,送到各热轧机上轧制成符合规格的钢卷。根据合同要求不同,热轧处理后的板坯可以直接出厂,也可以送到冷轧生产流程进一步加工处理。热轧生产过程如图 5-1 所示。在现实生产中,出于节约成本,热轧环节中加热炉设备比较少。调度算法需要在有限加热炉设备条件下,生成合理调度方案,以降低板坯的温度损耗,提高生产效率。因而,热轧过程可以抽象为带有限缓冲区约束的 HFS 问题。

当前,关于 HFS 的主要文献都假设阶段之间有充分的缓冲区,如果下一阶段无可用设备,在完成当前阶段的任务后,工件可以选择在缓冲区中等待。在有限缓

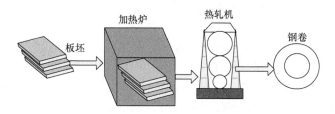

图 5-1　热轧生产过程示意图

冲区约束条件下,工件在完成上一个阶段的加工后,会选择继续在当前阶段等待或者在缓冲区出现空闲后,选择在缓冲区等待。增加了有限缓冲区约束,使得该类问题相比于经典 HFS 问题更加困难。

　　近年来,研究有限缓冲区 HFS 问题的相关文献还很少,大量研究有限缓冲区约束的文献集中于求解经典流水车间调度问题[1-13]。比较典型的算法包括遗传[1]、差分进化(differential evolution,DE)[2,5]、迭代贪婪[3]、启发式[4]、人工蜂群[6]、变邻域搜索[7,9]、粒子群优化[8,10]、人工蜂群和差分进化混合[11]、人工免疫优化[13]。上述研究在求解有限缓冲区约束的流水车间调度中取得了一定的进展。然而,HFS 问题相比流水车间问题更加复杂,上述研究成果无法直接应用于求解有限缓冲区约束的 HFS 问题。

　　目前,求解带有限缓冲区约束的 HFS 问题的文献还不常见。比较典型的有启发式算法[14,15]、混合线性规划算法[16]、拉格朗日松弛算法[17]、禁忌搜索算法[18,19]、粒子群优化算法[20,21]、遗传算法[22]、变邻域搜索算法[23,24]、禁忌搜索和分散搜索的混合算法策略[25]、分散搜索算法[26]、基于 Pareto 文档集的求解方法[27]、模拟退火算法[28]以及遗传算法和粒子群优化的混合算法[29]。上述研究针对带有限缓冲区约束的小规模 HFS 问题,取得了一定的进展。现实生产中,待调度的问题规模一般比较大,如何设计求解带有限缓冲区约束的大规模 HFS 的优化算法,是进一步研究的热点。

　　由热轧过程的研究现状可见,当前文献尚缺乏对实际热轧生产过程中带有限缓冲区约束的 HFS 问题的研究,特别是缺乏求解有限缓冲约束的大规模 HFS 问题的优化算法。

5.2　有限缓冲区约束 HFS 问题描述

　　带有限缓冲区的 HFS 问题描述如下:有 n 个工件,m 个设备,s 个加工阶段,h 个缓冲区。令 $S=\{S_i\}_{1\leqslant i\leqslant s}$ 表示所有加工阶段,$M=\{M_k\}_{1\leqslant k\leqslant m}$ 表示所有加工设备,$J=\{J_j\}_{1\leqslant j\leqslant n}$ 表示所有加工工件,$B=\{B_q\}_{1\leqslant q\leqslant h}$ 表示所有缓冲区集合,$p_{i,j,k}$ 表示工件 j 在加工阶段 i 选择设备 k,其中 $p_{i,j,k}\geqslant 0$,$s_{i,j}$ 表示工件 j 在加工阶段 i 的开工

时间，$c_{i,j}$ 表示工件 j 在加工阶段 i 的完工时间。研究 HFS-LB 问题的一般假设如下。

    （1）加工阶段 i 有 m_i 个加工能力不同的加工设备，其中 $m_i \geqslant 1$。

    （2）连续加工的两个阶段 i 和 $i+1$ 之间存在 b_i 个缓冲区，其中 $b_i \geqslant 0$。

    （3）每个工件 i 包含一个加工序列，$O_{i,j}$ 代表工件 j 在加工阶段 i 的加工工序。

    （4）所有工件按照相同的加工顺序经过所有加工阶段，不允许出现跳跃工序。

    （5）每个工件经过每个加工阶段时，要选择一个且只能选一个加工设备进行加工。

    （6）当一个工件在加工阶段 i 完工后，该工件根据当前加工环境，选择以下加工中的一种：①当下一个加工阶段存在可用设备时，该工件会立即送往下一个阶段进行加工；②当下一个加工阶段没有可用设备，但阶段 i 和 $i+1$ 之间存在可用缓冲区时，该工件送往缓冲区等待；③当上述两个条件都不成立时，该工件选择在当前阶段当前设备上等待。

    （7）某个时间点，每个设备只能加工一个工件；每个工件只能在一个设备上加工。

    （8）所有工件和设备在开始时刻就绪。

    （9）抢占是不允许的，即每个工件在开始加工后必须在加工任务完成后才可离开加工设备。

    （10）启动时间可以忽略，加工时间和传输时间是预知的、确定的。

    （11）记 $u_{k,k+1}$ 为阶段 i 和 $i+1$ 之间存在可用缓冲区 $B_{i,i+1}$ 的最早可用时间，则工序 $O_{i,j}$ 的加工时间分块情况如下。

$$P_{i,j} = \begin{cases} \{[s_{i,j}, c_{i,j}]_k\}, & s_{i+1,j} = c_{i,j} \\ \{[s_{i,j}, c_{i,j}]_k, [c_{i,j}, s_{i+1,j}]_b\}, & u_{i,i+1} \leqslant c_{i,j} \wedge s_{i+1,j} > c_{i,j} \\ \{[s_{i,j}, c_{i,j}]_k, [c_{i,j}, u_{i+1,j}]_k, [u_{i+1,j}, s_{i+1,j}]_b\}, & s_{i+1,j} \geqslant u_{i+1,j} > c_{i,j} \end{cases} \quad (5.1)$$

其中，$[s_{i,j}, c_{i,j}]_k$ 表示加工分块 $[\cdot]_k$ 在加工阶段 i 的设备 k 上加工。$[\cdot]_b$ 表示在阶段 i 和 $i+1$ 之间存在可用缓冲区上等待的时间分块。

    基于上述假设，本章拟最小化最大完工时间，即 $\min C_{\max} = \max\limits_{1 \leqslant j \leqslant n} \{c_{s,j}\}$。

5.3   有限缓冲区约束的混合算法研究

    结合 ABC 和 TS 两种算法，本节给出了一种求解带有限缓冲区约束的混合算法框架。其中，基于 TS 的自适应邻域结构用于平衡局部和全局搜索能力，基于 TS 的局部搜索策略则进一步提高了算法的深度搜索能力。

5.3.1   基于 TS 的自适应邻域结构

    用于求解经典流水车间调度问题的编码主要采用基于序列的编码策略，即排列中每个数字对应每个工件,数字的先后次序代表对应工件的加工次序。采用基于序列的编码策略,常用的邻域算子有插入(insert)、交换(swap)和成对交换(pairwise exchange)等[30]。Pan 等[31]证明:对于经典的流水车间调度问题,插入算子相比其他几种算法效果更好;对于经典 HFS 问题,交换算子可以获得较好的实验结果;多交换(multi-swap)算子对于实际工业生产 HFS 问题,如炼钢-连铸问题,具有良好性能。同时,翻转(inverse)邻域算子也得到了广泛应用。上述几种邻域操作算子,在算法进化的不同阶段可以起到不同的作用。因而,亟待建立一种自适应邻域结构,使得算法在不同进化阶段,自适应选择性能较好的算子,从而提高算法性能。

本节设计了一种基于 TS 的自适应邻域结构,结合上述四种邻域操作算子,即插入、交换、成对交换和翻转操作算子,以 N_1、N_2、N_3 和 N_4 分别表示上述操作算子。具体实现步骤如下。

步骤 1　采用 N_1、N_2、N_3 和 N_4 四种操作算子,以随机方式初始化邻域结构表 T_{nb},并设置相应值 v_{nb} 为 0。初始化邻域禁忌表 T_{tb},为其中的每个元素 v_{tb} 初始化 0。初始化系统参数 v_{nb},该值为 T_{tb} 表中元素的最大可用值。

步骤 2　从邻域结构表 T_{nb} 中挑选符合以下条件的邻域:①没有被禁忌的邻域,即邻域对应的 $v_{tb}=0$,且对应的 v_{nb} 最大;②如果有多个符合条件的邻域,则随机选择一个,如图 5-2(a)所示。

步骤 3　更新禁忌表:为每个邻域结构在邻域禁忌表 T_{tb} 中对应的 v_{tb} 减 1 操作,即 $v_{tb}=\max(v_{tb}-1,0)$。

步骤 4　产生邻域解:使用选中的邻域算子,产生若干个邻域解,并分别计算这些邻域解的目标值。如果邻域解中最好的一个优于当前解,则对应该邻域算子的值 $v_{nb}=v_{nb}+1$。图 5-2(b)描述了这种情形。反之,如果没有邻域解好于当前解,则令该邻域算子对应的 $v_{tb}=v_{max}$。其中系统参数 T_{max} 表示禁忌的最大周期,比如 $v_{max}=10$ 表示对应邻域将被禁忌 10 个周期。图 5-2(c)描述了这种情形。

采用上述自适应邻域结构的优势如下:①如果某个邻域算子一直有效,则其对应的 v_{nb} 值将一直递增,从而保证下个周期选择该算子,进而提高了算法的挖掘搜索能力;②如果某个邻域算子不能保证生成更好的邻域解,则对应的邻域算子将被禁忌一段时间,从而保证算法跳出局部极小的能力;③如果没有邻域算子能保证产生较好邻域解,则算法随机选取一个邻域解,从而保证算法的全局搜索能力,进而提高算法求解的多样性。

5.3.2　基于 TS 的局部搜索策略

本节给出了基于 TS 的局部搜索策略,用于雇佣蜂和跟随蜂的搜索。给定一个初始解,基于 TS 的局部搜索主要流程如下。

T_{nb}

名字	值
N_2	5
N_1	3
N_3	7
N_4	2

T_{tb}

名字	值
N_2	4
N_1	0
N_3	5
N_4	0

N_1

(a) 邻域选择(选中N_1)示意图

T_{nb}

名字	值
N_2	5
N_1	4
N_3	7
N_4	2

T_{tb}

名字	值
N_2	3
N_1	0
N_3	4
N_4	0

(b) 使用邻域N_1产生较好邻域解后的调整示意图

T_{nb}

名字	值
N_2	5
N_1	3
N_3	7
N_4	2

T_{tb}

名字	值
N_2	3
N_1	10
N_3	4
N_4	0

(c) 使用邻域N_1产生较差邻域解后的调整示意图

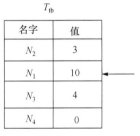

T_{nb}

名字	值
N_2	5
N_1	3
N_3	7
N_4	2

T_{tb}

名字	值
N_2	10
N_1	9
N_3	7
N_4	5

T_{tb}

名字	值
N_2	9
N_1	8
N_3	10
N_4	4

N_2　　N_3

(d) 陷入"局部极小"后的调整示意图

图 5-2　自适应策略

步骤 1　设置系统参数。

步骤 2　令 $j=0$，执行步骤 3～步骤 6 直到 $j \geq T_{max}$。其中 T_{max} 表示当前最好解没有改进的最大周期数。

步骤 3　循环步骤 3.1 和步骤 3.2，循环条件是 $i=1$～NS。其中，NS 是邻域搜索强度大小。

步骤 3.1 采用 5.3.1 节给出的基于 TS 的自适应邻域结构选择一个邻域算子。

步骤 3.2 采用选中的邻域算子,产生若干个邻域解,并保存在队列 Q_{ns} 中。

步骤 4 按照目标值由小到大的顺序对队列 Q_{ns} 中所有解进行排序。

步骤 5 采用以下方式选择最好的邻域解:①队列 k_{i+1}^* 中第一个没有被禁忌的邻域解;②如果全部邻域解都被禁忌,则选择队列中第一个邻域解。

步骤 6 更新禁忌表,插入刚选中的邻域算子;如果禁忌表已满,则删除最早进入禁忌表中的邻域算子。

5.3.3 编码

采用通用的基于序列的编码策略,即每个解由一串数字组成,每个数字代表唯一的工件,数字的顺序表示工件的加工次序。例如,对于实际炼钢-连铸生产问题,假设有 5 个工件,三个加工阶段,7 个设备,表 5-1 给出了工件在每个加工阶段的加工时间。表中,第一个加工阶段有 2 个设备,第二个加工阶段有 3 个设备,最后一个阶段有 2 个设备。每个阶段中的多个加工设备加工能力不同。J_i 表示第 i 个工件。工件 J_1 在第一个阶段的加工时间为:在第 1 个设备上加工时间为 30min,在第 2 个设备上的加工时间为 28min,以此可类推其他工件的加工时间。假设给定一个解为 $\{1,5,3,2,4\}$,表示在第一个阶段的加工次序为:首先加工工件 1,然后工件 5,最后加工工件 4。工件开始调度后,首先需要确定加工设备,选择设备的原则是最早可用设备原则。在随后的加工阶段,工件按照上个阶段完工的次序和缓冲区是否可用进行排序。

表 5-1 加工时间表

阶段	缓冲区	机床	J_1	J_2	J_3	J_4	J_5
阶段 1		M_1	30	31	30	32	40
		M_2	28	32	31	33	39
	2						
阶段 2		M_3	25	26	29	31	45
		M_4	27	32	35	31	38
		M_5	25	28	29	31	39
	2						
阶段 3		M_6	31	32	27	25	40
		M_7	30	30	30	35	38

5.3.4　考虑有限缓冲区约束的解码策略

本节给出考虑有限缓冲区约束的解码策略。针对每个工件 j，执行以下步骤，具体如下。

步骤 1　循环每个加工阶段 i 直到最后一个加工阶段：选择加工阶段 i 中最早可用设备 k_i^* 加工当前工件 j。令 $s_{i,j}$ 和 $c_{i,j}$ 分别表示工件 j 在没有考虑加工阶段 i 和 $i+1$ 中间缓冲区的情况下，在加工阶段 i 的可能开工时间和完工时间。$u_{i,i+1}$ 表示加工阶段 i 和 $i+1$ 中间缓冲区的最早可用时间。k_{i+1}^* 表示加工阶段 $i+1$ 的最早可用设备。$s_{i+1,j}$ 表示工件 j 在没有考虑加工阶段 i 和 $i+1$ 中间缓冲区的情况下，在加工阶段 $i+1$ 的可能开工时间。

步骤 2　按照以下步骤计算工件 j 在加工阶段 i 和 $i+1$ 上的开工时间和完工时间。

步骤 2.1　如果 $s_{i+1,j} \leqslant c_{i,j}$，表示工件 j 在加工阶段 i 完工后，可以直接传输到下一个阶段进行加工。此时，工件 j 在加工阶段 i 和 $i+1$ 间的加工时间块可以分为以下几个部分：$[s_{i,j}, c_{i,j}]$ 和 $[c_{i,j}, c_{i,j}+p_{i+1,j,k_{i+1}^*}]$。其中 $[s_{i,j}, c_{i,j}]$ 在加工阶段 i 上加工，$[c_{i,j}, c_{i,j}+p_{i+1,j,k_{i+1}^*}]$ 在加工阶段 $i+1$ 上加工，p_{i+1,j,k_{i+1}^*} 表示工件 j 在加工阶段 i 选择设备 k_{i+1}^* 加工的加工时间。

步骤 2.2　如果 $s_{i+1,j} > c_{i,j}$，则需要考虑以下三个条件。

(1) 如果 $u_{i,i+1} < c_{i,j}$，表示工件 j 在加工阶段 i 完工后，有可用中间缓冲区，则工件 j 的加工时间分为如下几个部分：$[s_{i,j}, c_{i,j}]$ 表示在阶段 i 上加工的时间块，$[c_{i,j}, s_{i+1,j}]$ 表示在中间缓冲区等待的时间块，$[s_{i+1,j}, c_{i+1,j}]$ 表示在阶段 $i+1$ 上加工的时间块。图 5-3(a) 描述了这种情况。图中 $u_{1,2} < c_{1,2} < s_{2,2}$。因而，工件 2 在第一个加工阶段完工后，转到缓冲区中等待第二个加工阶段的可用设备。图中，带有填充色的方框表示在缓冲区等待的时间。

(2) 如果 $c_{i,j} < u_{i,i+1} < s_{i+1,j}$，表示工件 j 在阶段 i 完工后，暂时没有可用缓冲区，但在下一个阶段可用设备之前，有部分缓冲区可用。这样，工件 j 可以在当前阶段完工后，暂时在当前设备等待；等缓冲区可用后，再到缓冲区中继续等待；待下一个阶段有可用设备后，再到下一个阶段完成后续加工。由此，工件 j 的加工时间分为以下几个部分：$[s_{i,j}, c_{i,j}]$ 表示在阶段 i 上加工的时间块，$[c_{i,j}, u_{i,i+1}]$ 表示在加工阶段 i 上等待，$[u_{i,i+1}, s_{i+1,j}]$ 表示在中间缓冲区等待，$[s_{i+1,j}, c_{i+1,j}]$ 表示在阶段 $i+1$ 上加工的时间块。图 5-3(b) 描述了这种情形。图中，工件 4 在第一个阶段完工后，没有可用缓冲区，因而只能在当前设备上等待，等中间缓冲区可用后，传输到缓冲区继续等待，直到阶段二中有可用设备。

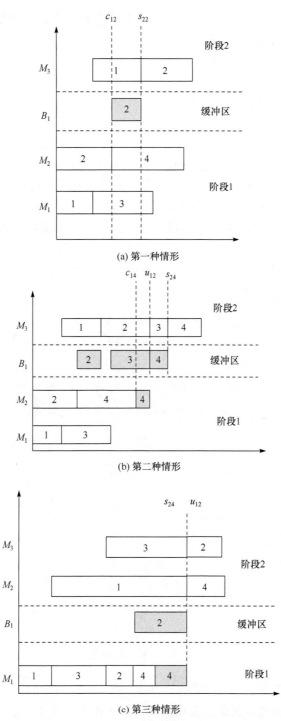

(a) 第一种情形

(b) 第二种情形

(c) 第三种情形

图 5-3 三种情形甘特图

（3）如果 $s_{i+1,j}<u_{i,i+1}$，则表示在下一个阶段有可用设备之前，没有可用缓冲区。因而，工件需要在当前设备等待，直到下一个阶段的设备可用。由此，工件 j 的加工时间分为以下几个部分：$[s_{i,j},c_{i,j}]$ 表示在阶段 i 上加工的时间块，$[c_{i,j},s_{i+1,j}]$ 表示在阶段 i 上等待的时间块，$[\Omega]$ 表示在阶段 $i+1$ 上加工的时间块。图 5-3(c)描述了这种情形。图中，工件 4 在第一个阶段完工后，没有可用缓冲区，因而只能在当前设备上等待，直到阶段二中有可用设备。

给定上述实际生产 HFS 问题，假设其中一个解$\{1,5,3,2,4\}$，其对应的甘特图如图 5-4 所示。其中，每个方框表示一个工件，方框内数字表示工件编号，两条横线之间的区域表示中间缓冲。例如，第一个阶段有两台可用设备，M_1 和 M_2，第一个阶段和第二个阶段之间存在有限缓冲区 B_1 和 B_2。在第二个加工阶段和第三个加工阶段之间，工件 2 需要在缓冲区中等待一段时间，其中带有填充色的方框表示等待时间块。在第一个阶段，工件加工顺序为 J_1,J_5,J_3,J_2,J_4；在之后的加工阶段，工件按照上个阶段的完工时间和中间缓冲区的可用情况，以及下一个阶段可用设备的情况，动态安排工件的加工次序。

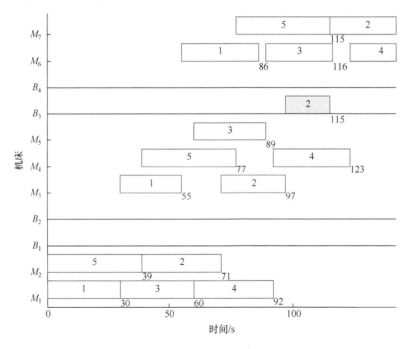

图 5-4　甘特图示例

5.3.5　雇佣蜂策略

雇佣蜂的任务是在指定的解周围进行深入挖掘。在本算法中，每个雇佣蜂被随机分配到解集中的一个解，然后执行以下操作。

步骤 1　随机选择解集的一个解。

步骤 2　对选中的解,执行基于 TS 的局部搜索。

步骤 3　评价每个邻域解,并选择最好的邻域解,用于替换当前解和全局最好解。

5.3.6　跟随蜂策略

跟随蜂的任务是在雇佣蜂搜索的基础上,进一步选择较好的解进行局部搜索,具体步骤如下。

步骤 1　在解集中任选两个解,选择其中一个较好解作为当前解。

步骤 2　对选中的解,执行基于 TS 的局部搜索。

步骤 3　评价每个邻域解,并选择最好的邻域解,用于替换全局最好解和当前解集最差解。

5.3.7　侦查蜂策略

侦查蜂的作用是提高算法全局搜索能力,进而避免算法陷入局部极小,具体步骤如下。

步骤 1　如果当前解集中某个解连续若干个周期内没有更新,则选中该解;如果有多个符合条件的解,则随机选择一个。

步骤 2　针对当前解集中最好解,执行 N_s 次 TS 局部搜索,产生的最好邻域解用于直接替换选中的解,同时更新全局最好解。

5.3.8　算法框架

基于上述规则和策略,所提出的 ABC 算法框架如下。

步骤 1　初始化系统参数。

步骤 2　初始化解集,并评价初始解集中的每个解。

步骤 3　选择最好解 $\pi(b)$ 和最差解 $\pi(w)$。

步骤 4　判断终止条件是否满足,如果满足则终止算法,否则,执行以下步骤:

步骤 4.1　执行雇佣蜂过程;

步骤 4.2　执行跟随蜂过程;

步骤 4.3　执行侦查蜂过程。

5.3.9　算法收敛性分析

TABC 算法总体框架与基本 ABC 算法相同,两者主要区别如下。

(1) TABC 中给出了一种考虑有限缓冲区约束的解码策略。

(2)TABC 中设计了一种基于 TS 的自适应邻域选择机制。

(3)TABC 中设计了一种基于 TS 的局部搜索策略。

上述对基本 ABC 算法的改进,对算法收敛性的影响分析如下。

(1) 考虑有限缓冲区约束的解码策略,保证了调度方案的有效性和可行性,不影响算法全局收敛性。

(2) 基于 TS 的自适应邻域选择机制,进一步加强了算法全局搜索能力。

(3) 基于 TS 的局部搜索策略,提高了算法局部搜索能力,不影响算法全局收敛性。

从上述分析来看,TABC 的搜索过程满足马尔可夫性。TABC 构成的马尔可夫链的转移概率矩阵是正则的。又因为 TABC 保留了最优解,进而根据文献[32]定理 6 可知,TABC 算法具有收敛到全局最优解的能力。

5.4 实验分析

5.4.1 实验设置

以 VC++6.0 为开发环境,采用 Intel i7 3.4 GHz CPU、16GB 内存的计算机进行测试。实验对比算法包括:GAH[33]、GAS[22]、TSSCS[25]、TS[18],以及 DABC[34]。对比上述算法主要考虑如下几个原因:①TS、GAS 和 TSSCS 三种算法是当前解决 HFS-LB 问题的有效算法;②GAH 和 DABC 是求解带实际约束 HFS 问题的有效算法。目前,还没有文献研究平行设备加工能力不同的 HFS-LB 问题。因而,改进并实现了上述比较算法用于求解该类问题,对比算法采用各自文献给出的参数值。所有算法采用相同的终止条件,即算法最大执行时间为 150s。所有比较算法都采用 5.3.4 节给出的解码策略,每个算法针对每个算例独立运行 30 次,采用 RPI 指标进行算法比较分析。

5.4.2 实验算例

在实际生产数据的基础上,随机生成不同规模的调度问题算例,具体如下。

(1) 为确保生产数据符合生产实际,加工阶段分为以下六种类型,即 5、10、15、20、25 和 30 个加工阶段。

(2) 每个加工阶段有 5~10 个加工能力不同的设备,每个设备都可以加工任意到达该阶段的工件。

(3) 工件数目有以下六种类型:20、40、60、80、100 和 200。

(4) 为每一个加工阶段和每一种工件类型,随机选择并行设备的数量,并生成一个算例。因而,共有 36 个算例,记为"Case0"到"Case35"。

5.4.3　实验参数

通过反复实验,本算法的 5 个关键参数分别是:解集大小 P_s、邻域禁忌表最大禁忌值 v_{max}、最大无更新周期 T_{max}、禁忌表大小 T_{len} 和禁忌周期 T_e。通过大量实验对比,得到上述 5 个参数的四种水平,如表 5-2 所示。其中,n 表示工件数目,m 表示设备数量。因为共有 5 个参数,参数实验分为两个部分进行:第一部分,针对前面 3 个参数,即 P_s、v_{max} 和 T_{max},应用正交阵列 $L_{16}(4^3)$ 进行实验分析;第二部分,针对参数 T_{len} 和 T_e,采用正交阵列 $L_{16}(4^2)$ 进行实验分析。每个实验独立运行 30 次,30 次运行后得到的平均目标值作为反应变量(RV)。图 5-5(a)给出了前 3 个参数的参数水平示意图,图 5-5(b)给出了后两个参数的参数水平曲线。由图 5-5 可知,本算法 5 个关键参数设置值为:$P_s=10$、$v_{max}=5$、$T_{max}=3$、$T_e=n\times m/2$ 和 $T_{len}=n\times m/8$。

表 5-2　三种参数水平

参数	水平			
	1	2	3	4
P_s	5	10	20	50
v_{max}	1	2	5	10
T_{max}	3	5	10	20
T_e	$n\times m/2$	$n\times m/4$	$n\times m/8$	$n\times m/10$
T_{len}	$n\times m/2$	$n\times m/4$	$n\times m/8$	$n\times m/10$

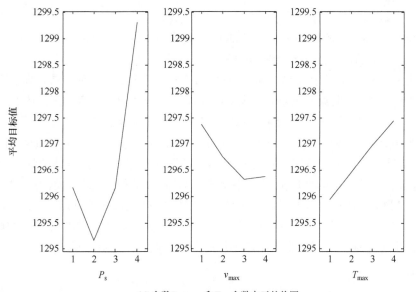

(a) 参数 P_s、v_{max} 和 T_{max} 参数水平趋势图

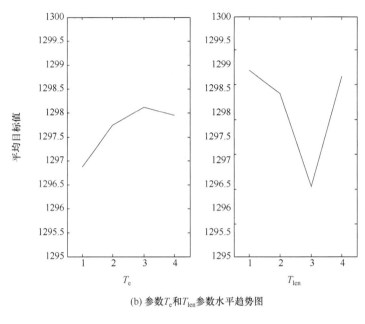

(b) 参数T_e和T_{len}参数水平趋势图

图 5-5　关键参数水平趋势图

5.4.4　自适应邻域结构性能分析

为验证 5.3.1 节给出的基于 TS 的自适应邻域结构,本节设计并对比了以下两种算法。

(1) TABC:包含基于 TS 的自适应邻域结构。

(2) $TABC_{NA}$:不包含基于 TS 的自适应邻域结构,其他部分与 TABC 相同。$TABC_{NA}$采用随机方式选择四种邻域算子中的任意一个。

上述两种算法参数设置相同。通过 30 次独立运行,实验对比结果如表 5-3 所示。表中共有四列,第一列给出了算例名称;第二列给出了算例规模,其中第 1 个数字表示工件数目,第 2 个数字表示阶段数量;第三列给出了算法 $TABC_{NA}$ 的 RPI 实验结果;最后一列给出了 TABC 算法的 RPI 实验结果。由表可见:①针对 36 个算例,TABC 算法获得了 33 个较好解,而 $TABC_{NA}$算法只能获得其中的 3 个较好解;②最后一行给出的平均 RPI 结果来看,TABC 算法得到的平均值为 0.26,仅相当于 $TABC_{NA}$算法结果的 1/4;③针对较大规模算例,如工件数目超过 100 个的算例,TABC 算法表现了更良好的性能,证明 TABC 算法更适合求解大规模 HFS-LB 问题。由于上述 36 个算例采用随机方式产生,验证了 TABC 算法的有效性和正确性。

表 5-3　TABC$_{NA}$ 和 TABC 两种算法 RPI 比较

算例	规模	TABC$_{NA}$	TABC
Case0	20. vs. 5	2.14	**1.79**
Case1	20. vs. 10	1.25	**0.00**
Case2	20. vs. 15	0.59	**0.15**
Case3	20. vs. 20	1.36	**0.68**
Case4	20. vs. 25	1.10	**0.37**
Case5	20. vs. 30	0.70	**0.31**
Case6	40. vs. 5	**0.76**	0.76
Case7	40. vs. 10	1.13	**0.00**
Case8	40. vs. 15	1.17	**0.23**
Case9	40. vs. 20	0.75	**0.00**
Case10	40. vs. 25	1.10	**0.24**
Case11	40. vs. 30	0.67	**0.20**
Case12	60. vs. 5	1.13	**0.23**
Case13	60. vs. 10	1.09	**0.14**
Case14	60. vs. 15	1.30	**0.40**
Case15	60. vs. 20	0.48	**0.40**
Case16	60. vs. 25	0.69	**0.00**
Case17	60. vs. 30	0.37	**0.06**
Case18	80. vs. 5	1.17	**0.00**
Case19	80. vs. 10	0.94	**0.10**
Case20	80. vs. 15	1.02	**0.00**
Case21	80. vs. 20	0.70	**0.21**
Case22	80. vs. 25	0.64	**0.58**
Case23	80. vs. 30	**0.00**	0.11
Case24	100. vs. 5	0.89	**0.45**
Case25	100. vs. 10	0.79	**0.26**
Case26	100. vs. 15	0.98	**0.08**
Case27	100. vs. 20	0.83	**0.32**
Case28	100. vs. 25	0.75	**0.63**
Case29	100. vs. 30	0.35	**0.20**
Case30	200. vs. 5	0.75	**0.35**
Case31	200. vs. 10	**0.26**	**0.26**

续表

算例	规模	TABC$_{NA}$	TABC
Case32	200. vs. 15	0.60	**0.00**
Case33	200. vs. 20	0.25	**0.00**
Case34	200. vs. 25	1.05	**0.00**
Case35	200. vs. 30	0.80	**0.00**
平均值		0.85	**0.26**

注:表中粗体表示比较算法获得了最优值。

为进一步验证对比结果的不同,采用 ANOVA 方法对结果进一步分析。图 5-6 给出了在 95％置信区间内,两种算法的性能对比。由图可见,TABC 算法相比于 TABC$_{NA}$算法具备良好的优越性。

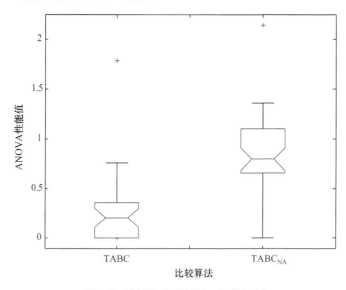

图 5-6   TABC 和 TABC$_{NA}$置信区间

5.4.5 与其他算法对比分析

为进一步验证 TABC 算法的有效性,本节选择五种有效算法与之对比,分别是 GAH、GAS、DABC、TS 和 TSSCS。每一种对比算法为每个算例独立运行 30 次,30 次独立运行后的平均目标值作为 RPI 计算的依据。

表 5-4 给出了上述六种算法的比较结果,其中,最小 RPI 对应加粗以突出显示。表中最后一行给出了每个对比算法求解 36 个算例获得的最终平均 RPI 值。由表 5-4 可见:①TABC 算法求解上述 36 个算例,可以获得 26 个较好解,而其他算法分别可以得到 0、2、7、0 和 5 个较好解。另外,TABC 算法在求解较大规模算

例表现了良好性能。例如,针对工件数量为 200 的六个算例,TABC 算法可以获得全部较好解。上述结果表明 TABC 算法适合于求解较大规模的 HFS-LB 问题。②与GAH 算法相比,TABC 算法获得了全部较好解。③与 GAS 算法相比,TABC 算法获得了 34 个较好解。④与 DABC 算法相比,在求解小规模算例时,如工件数量在 40 个以下,DABC 和 TABC 两种算法获得了相似的性能;在求解较大规模算例时,TABC 算法表现了更好的性能。⑤与 TS 算法相比,TABC 算法获得了全部的较好解。⑥与 TSSCS 算法比较,TSSCS 算法在求解 20 个工件的算例时,表现了较好的性能,而 TABC 算法在求解较大规模算例时表现了更好的性能。⑦由最后一行的平均 RPI 值可见,TABC 算法获得了最小的平均值,其次为 DABC 算法、TSSCS 算法、GAS 算法、TS 算法和 GAH 算法。

表 5-4　六种算法 RPI 比较

算例	规模	GAH	GAS	DABC	TS	TSSCS	TABC
Case0	20. vs. 5	6.07	2.50	**0.00**	3.57	1.07	1.79
Case1	20. vs. 10	4.18	1.25	1.04	1.67	0.42	**0.00**
Case2	20. vs. 15	1.91	1.47	0.29	1.03	**0.00**	0.15
Case3	20. vs. 20	2.72	0.79	0.45	0.79	**0.34**	0.68
Case4	20. vs. 25	2.01	1.19	0.37	1.10	**0.00**	0.37
Case5	20. vs. 30	1.63	0.85	**0.00**	0.93	0.39	0.31
Case6	40. vs. 5	3.55	1.78	**0.51**	1.27	1.78	0.76
Case7	40. vs. 10	1.78	0.65	0.81	1.78	1.29	**0.00**
Case8	40. vs. 15	2.46	1.06	**0.00**	0.47	0.12	0.23
Case9	40. vs. 20	1.50	0.37	1.50	0.94	0.75	**0.00**
Case10	40. vs. 25	1.49	1.49	0.39	1.42	1.10	**0.24**
Case11	40. vs. 30	0.87	**0.20**	0.54	0.80	0.40	**0.20**
Case12	60. vs. 5	3.17	1.36	**0.23**	1.81	1.36	**0.23**
Case13	60. vs. 10	3.00	1.36	0.68	1.91	1.09	**0.14**
Case14	60. vs. 15	3.09	1.20	1.20	1.80	1.70	**0.40**
Case15	60. vs. 20	1.69	1.05	0.73	0.48	0.48	**0.40**
Case16	60. vs. 25	1.53	0.97	0.97	0.97	0.90	**0.00**
Case17	60. vs. 30	1.43	0.68	0.62	0.62	0.68	**0.06**
Case18	80. vs. 5	2.83	1.17	0.67	0.83	0.83	**0.00**
Case19	80. vs. 10	1.56	0.94	0.94	0.83	1.14	**0.10**
Case20	80. vs. 15	1.58	1.58	1.11	0.19	1.11	**0.00**
Case21	80. vs. 20	2.25	0.63	0.77	0.56	1.19	**0.21**
Case22	80. vs. 25	1.80	0.39	0.39	0.71	**0.00**	0.58

续表

算例	规模	GAH	GAS	DABC	TS	TSSCS	TABC
Case23	80. vs. 30	1.08	0.27	0.38	0.54	0.38	**0.11**
Case24	100. vs. 5	2.79	0.67	1.00	1.11	**0.45**	**0.45**
Case25	100. vs. 10	1.93	1.49	1.58	1.23	1.23	**0.26**
Case26	100. vs. 15	1.58	0.60	**0.00**	0.90	0.60	0.08
Case27	100. vs. 20	1.41	0.64	0.90	0.45	0.96	**0.32**
Case28	100. vs. 25	1.03	0.98	1.21	1.32	1.44	**0.63**
Case29	100. vs. 30	0.55	**0.00**	0.05	0.25	0.10	0.20
Case30	200. vs. 5	1.16	0.52	0.87	0.81	0.40	**0.35**
Case31	200. vs. 10	1.16	0.47	0.74	0.47	0.58	**0.26**
Case32	200. vs. 15	0.51	0.42	0.23	0.19	0.37	**0.00**
Case33	200. vs. 20	0.64	0.42	0.51	0.47	0.21	**0.00**
Case34	200. vs. 25	0.66	0.39	0.35	0.35	0.08	**0.00**
Case35	200. vs. 30	2.75	2.17	**0.00**	0.23	0.50	**0.00**
平均值		1.98	0.94	0.61	0.98	0.71	**0.26**

为进一步验证对比结果的不同,采用 ANOVA 方法对结果进一步分析,图 5-7 给出了在 95% 置信区间内,六种算法的性能对比。由图可见,TABC 算法相比其他五种算法具备良好的优越性。为进一步对比 DABC 算法,针对 TABC 和 DABC 两种算法,采用 ANOVA 方法对结果进一步分析,图 5-8 给出了在 95% 置信区间内,两种算法的性能对比。由图可见,TABC 明显优于 DABC 算法。

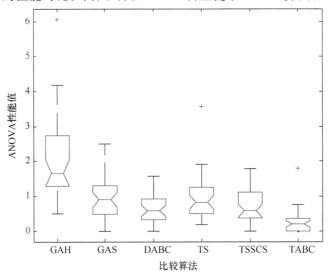

图 5-7　六种算法比较结果置信区间

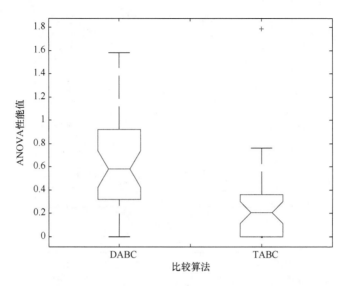

图 5-8   TABC 算法和 DABC 算法比较结果置信区间

为进一步验证算法的收敛性,选择了 20-job、40-job、60-job、80-job、100-job 和 200-job 等六种不同规模的算例进行分析。图 5-9(a)~(f)给出了六种算法求解不同规模算例的收敛曲线。上述收敛曲线图可见,TABC 算法求解不同规模的 HFS-LB 问题表现了良好的收敛能力。针对较大规模问题,与其他算法对比,TABC 算法表现了更好的收敛性。

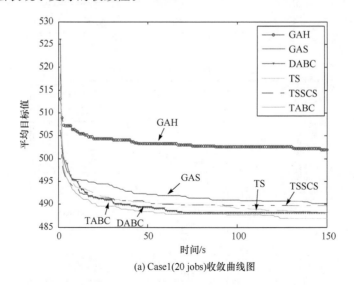

(a) Case1(20 jobs)收敛曲线图

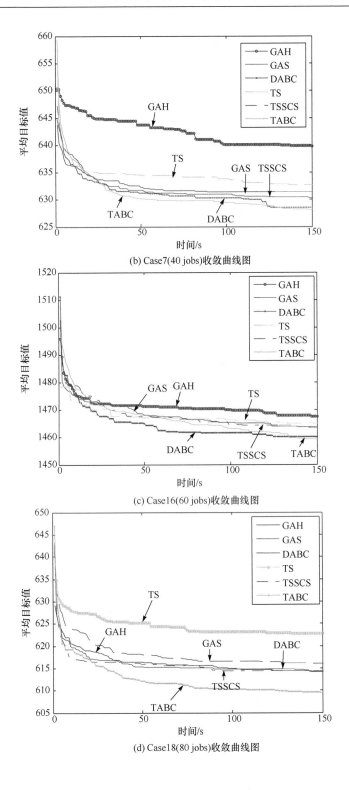

(b) Case7(40 jobs)收敛曲线图

(c) Case16(60 jobs)收敛曲线图

(d) Case18(80 jobs)收敛曲线图

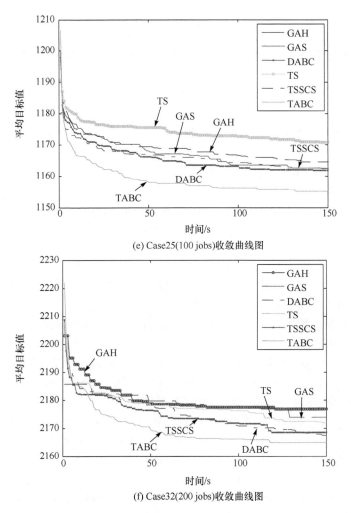

(e) Case25(100 jobs)收敛曲线图

(f) Case32(200 jobs)收敛曲线图

图 5-9 不同规模算例收敛曲线

5.5 本章小结

热轧生产过程是钢铁生产中的第三个主要流程,也是事关后期板坯质量的关键阶段。本章结合热轧调度问题的特点,研究和解决有限缓冲区约束的 HFS 问题。结合约束条件,即有限缓冲区约束和目标特点,对问题进行数学建模;给出了适合问题的编码策略、考虑有限缓冲区约束的解码策略,同时给出了多种邻域结构和基于 TS 的自适应邻域选择机制和局部搜索策略;结合宝钢热轧生产数据,随机生成多个实用算例;通过算法对比分析,验证了所给出算法的有效性和实用性。

参 考 文 献

[1] 王凌,张亮. 有限缓冲区流水线调度的多搜索模式遗传算法[J]. 计算机集成制造系统,2005,11(7):1041-1046.

[2] 胡蓉,钱斌. 一种求解随机有限缓冲区流水线调度的混合差分进化算法[J]. 自动化学报,2009,35(12):1580-1586.

[3] Ribas I,Companys R,Tort-Martorell X. An iterated greedy algorithm for the flowshop scheduling problem with blocking[J]. Omega,2011,39(3):293-301.

[4] 于艳辉,李铁克,王柏琳. 缓冲区有限的流水车间调度问题的启发式算法[J]. 计算机工程与应用,2012,48(32):18-22.

[5] Fu Q,Sivakumar A I,Li K. Optimisation of flow-shop scheduling with batch processor and limited buffer[J]. International Journal of Production Research,2012,50(8):2267-2285.

[6] 张培文,潘全科,李俊青,等. 有限缓冲区流水车间调度的混合人工蜂群算法[J]. 计算机集成制造系统,2013,19(10):2510-2520.

[7] 谢展鹏,张超勇,邵新宇,等. 基于 Memetic 算法的有限缓冲区流水车间调度问题研究[J]. 计算机集成制造系统,2015,21(5):1253-1261.

[8] 李青青,徐震浩,顾幸生. 基于 MPSO 的有限缓冲区多产品厂间歇调度问题的研究[J]. 高技术通讯,2014,24(8):866-873.

[9] Moslehi G,Khorasanian D. A hybrid variable neighborhood search algorithm for solving the limited-buffer permutation flow shop scheduling problem with the makespan criterion[J]. Computers & Operations Research,2014,52:260-268.

[10] Zhao F,Tang J,Wang J,et al. An improved particle swarm optimisation with a linearly decreasing disturbance term for flow shop scheduling with limited buffers[J]. International Journal of Computer Integrated Manufacturing,2014,27(5):488-499.

[11] Han Y Y,Gong D,Sun X. A discrete artificial bee colony algorithm incorporating differential evolution for the flow-shop scheduling problem with blocking[J]. Engineering Optimization,2014 (ahead-of-print):1-20.

[12] Tang L,Wang G,Chen Z L. Integrated charge batching and casting width selection atBaosteel[J]. Operations Research,2014,62(4):772-787.

[13] Abdollahpour S,Rezaeian J. Minimizing makespan for flow shop scheduling problem with intermediate buffers by using hybrid approach of artificial immune system[J]. Applied Soft Computing,2015,28:44-56.

[14] 吴涛,陈荣秋. 冷卷热处理生产调度模型的启发式算法[J]. 华中科技大学学报(自然科学版),2006,34(10):58-60.

[15] 于艳辉,李铁克. 一类缓冲区有限的两阶段混合流水车间调度问题及算法[J]. 工业工程,2013,16(4):105-110.

[16] Sawik T. An exact approach for batch scheduling in flexible flow lines with limited intermediate buffers[J]. Mathematical and Computer Modelling,2002,36(4):461-471.

[17] Tang L, Xuan H. Lagrangian relaxation algorithms for real-time hybrid flowshop scheduling with finite intermediate buffers[J]. Journal of the Operational Research Society, 2006, 57(3):316-324.

[18] Wardono B, Fathi Y. A tabu search algorithm for the multi-stage parallel machine problem with limited buffer capacities[J]. European Journal of Operational Research, 2004, 155(2): 380-401.

[19] 陈璐, 奚立峰, 蔡建国. 一种求解带有阻塞限制的混合流水车间的禁忌搜索算法[J]. 上海交通大学学报, 2006, 40(5):856-859.

[20] 张其亮, 陈永生. 带有阻塞限制的混合流水车间调度问题的混合粒子群求解算法[J]. 信息与控制, 2013, 42(2):252-257.

[21] 宋继伟, 唐加福. 基于离散粒子群优化的轧辊热处理调度方法[J]. 管理科学学报, 2010, 13(6):44-53.

[22] Yaurima V, Burtseva L, Tchernykh A. Hybrid flowshop with unrelated machines, sequence-dependent setup time, availability constraints and limited buffers[J]. Computers & Industrial Engineering, 2009, 56(4):1452-1463.

[23] Tavakkoli-Moghaddam R, Safaei N, Sassani F. A memetic algorithm for the flexible flow line scheduling problem with processor blocking[J]. Computers & Operations Research, 2009, 36(2):402-414.

[24] Almeder C, Hartl R F. A metaheuristic optimization approach for a real-world stochastic flexible flow shop problem with limited buffer[J]. International Journal of Production Economics, 2013, 145(1):88-95.

[25] Wang X, Tang L. A tabu search heuristic for the hybrid flowshop scheduling with finite intermediate buffers[J]. Computers & Operations Research, 2009, 36(3):907-918.

[26] Tang L, Wang X. A scatter search algorithm for a multistage production scheduling problem with blocking and semi-continuous batching machine[J]. IEEE Transactions on Control Systems Technology, 2011, 19(5):976-989.

[27] Abyaneh S H, Zandieh M. Bi-objective hybrid flow shop scheduling with sequence-dependent setup times and limited buffers[J]. The International Journal of Advanced Manufacturing Technology, 2012, 58(1-4):309-325.

[28] Soltani S A, Karimi B. Cyclic hybrid flow shop scheduling problem with limited buffers and machine eligibilityconstraints[J]. The International Journal of Advanced Manufacturing Technology, 2015, 76(9-12):1739-1755.

[29] Sangsawang C, Sethanan K, Fujimoto T, et al. Metaheuristics optimization approaches for two-stage reentrant flexible flow shop with blocking constraint[J]. Expert Systems with Applications, 2015, 42(5):2395-2410.

[30] 潘全科, 高亮, 李新宇. 流水车间调度及其优化算法[M]. 武汉:华中科技大学出版社, 2013.

[31] Pan Q K, Wang L, Mao K, et al. An effective artificial bee colony algorithm for a real-world hybrid flowshop problem in steelmaking process[J]. IEEE Transactions on Automation Sci-

ence and Engineering,2013,10(2):307-322.

[32] Rudolph G. Convergence analysis of canonical genetic algorithms[J]. IEEE Transactions on Neural Networks,1994,5(1):96-101.

[33] Ruiz R,Maroto C,Alcaraz J. Two new robust genetic algorithms for the flowshop schedulingproblem[J]. Omega,2006,34(5):461-476.

[34] Pan Q K,Tasgetiren M F,Suganthan P N,et al. A discrete artificial bee colony algorithm for the lot-streaming flow shop scheduling problem[J]. Information sciences, 2011, 181 (12):2455-2468.

第6章　炼钢-连铸重调度优化方法

第3章针对铁水运输调度过程中的 HFS 问题进行研究,第4章针对炼钢-连铸过程中的 HFS 问题进行建模和算法研究,第5章针对热轧过程中 HFS 问题开展研究。上述3章都是研究静态条件下的 HFS 问题,然而现实生产过程中往往存在多种类型的不确定事件,如机器故障、新工件到达、工件取消、加工时间变化、工件可用时间变化等。上述不确定因素使得原计划调度方案不可行,从而必须重新调度原计划方案。

与第4章研究的静态条件下炼钢-连铸调度问题不同,本章针对动态生产环境下的炼钢-连铸 HFS 重调度过程进行研究。综合考虑设备随机故障和工件加工时间随机变化两种突发事件、优化平均滞留时间、提前/滞后惩罚值、断浇惩罚和系统不稳定量五个目标。主要研究内容分为三部分。

第一部分针对炼钢-连铸重调度问题,结合约束条件,即综合考虑设备随机故障和工件加工时间随机变化两种突发事件,融合目标特点,即优化平均滞留时间、提前/滞后惩罚值、断浇惩罚和系统不稳定量等五个目标,并对问题进行数学建模。

第二部分是算法的应用研究。结合热炼钢-连铸重调度结构特征和目标特点,给出一种结合 ABC 和 IG 的混合离散算法(hybrid discrete ABC&IG,HDABC),包括适合问题的编码策略、考虑设备随机故障和工件加工时间随机变化两种突发事件的解码策略,同时给出多种邻域结构和启发式规则;针对求解问题的 ABC 算法框架,给出结合上述启发式规则和邻域结构的算法框架策略。

第三部分是算法实验分析。结合宝钢炼钢-连铸重调度实际生产数据,随机生成多个实用算例。通过算法对比分析,验证所给出算法的有效性和实用性。

6.1　炼钢-连铸重调度问题的研究现状

与静态炼钢-连铸调度问题和经典流水车间重调度问题相比,结合生产实际的炼钢-连铸重调度问题的相关研究还很少[1-8]。文献[9]设计了多代理(multi-agent)的方法,但文献并未考虑冶炼和精炼阶段的重调度问题。Roy 等[10]给出了一类知识模型(knowledge model),然而,这种框架的实用性还需进一步验证。文献[11]采用正向时间并行顺推算法进行炉次计划的重计划方法,但该方法的效率尚需进一步检验。朱道飞等[12]构建了一种分段实数编码和基因分区交叉操作的改良遗传算法,但文献没有考虑设备故障问题。

　　设备故障是炼钢-连铸重调度中常见的突发事件,目前求解该类问题常采用的方法有:基于动态约束满足的方法[13]、启发式算法[14-17]、差分进化算法[18]、拉格朗日松弛算法[19-21]等。另外,庞新富等[22-24]结合启发式规则和遗传算法,针对炼钢-连铸重调度问题中存在的混合 job-shop 问题开展了研究。Yu 和 Pan[25]研究了加工延迟干扰的炼钢-连铸重调度问题。上述文献所给出的算法,如何适应求解大规模生产问题尚待检验。

　　上述文献并没有考虑实际生产中提前/滞后惩罚。另外,实际生产过程中,工件的加工时间可以在一个时间段内柔性调整,以增加系统的灵活性,上述重调度文献并未考虑这种实际生产特征。

　　由炼钢-连铸重调度研究现状可见,当前文献或者只考虑某一种突发事件,或者没有考虑实际生产中连铸约束,或者采用启发式规则无法求解大规模问题,或者没有考虑实际生产目标,因而无法直接应用于现实生产调度中。综合考虑多种突发事件,优化多个生产目标,设计可直接用于生产实际的重调度优化算法,亟待有效解决。

6.2　炼钢-连铸重调度问题建模

6.2.1　问题特征

　　给定包含冶炼、精炼和连铸等三个连续加工阶段的典型炼钢-连铸重调度问题,有 n 个工件(炉次),m 个设备,s 个加工阶段,基本特征描述如下。

　　(1) 加工阶段 j 有 m_j 个加工能力不同的加工设备,其中 $m_j \geqslant 1$。

　　(2) 连续加工的两个阶段 j 和 $j+1$ 之间存在足够缓冲区。

　　(3) 每个工件 i 包含一个加工序列,$O_{i,j}$ 代表工件 i 在加工阶段 j 的加工工序。

　　(4) 所有工件按照相同的加工顺序经过所有加工阶段,不允许出现跳跃工序。

　　(5) 每个工件经过每个加工阶段时,要选择一个且只能选一个加工设备进行加工。

　　(6) 某个时间点,每个设备只能加工一个工件,每个工件只能在一个设备上加工。

　　(7) 所有工件和设备在开始时刻就绪。

　　(8) 抢占是不允许的,即每个工件在开始加工后必须在加工任务完成后才可离开加工设备。

　　(9) 启动时间可以忽略,加工时间和传输时间是预知的、确定的。

　　(10) 突发事件是不可预知的,综合考虑设备随机故障和工件加工时间随机变化两类突发事件。

为了使算法更接近工业生产实际,考虑最小化以下五个目标值,并加权处理后形成一个目标。①f_1:工件平均滞留时间;②f_2:提前连铸惩罚值;③f_3:滞后连铸惩罚值;④f_4:断浇惩罚值;⑤f_5:系统不稳定惩罚值。工件滞留时间是指该工件在第一个加工阶段完工后到最后一个加工阶段开工的时间差。系统不稳定指标用于计算分配的加工设备发生变化的工件数目。

6.2.2　变量与下标

基于上述问题特征和目标,下面给出问题建模的变量和下标。

1) 下标

i:工件下标($i=1,2,\cdots,n$)。

k:设备下标($k=1,2,\cdots,m$)。

j:加工阶段下标($j=1,2,\cdots,s$)。

p:浇次下标($p=1,2,\cdots,l$)。

2) 变量

n:工件总数量。

m:设备总数量。

s:加工阶段总数量。

l:最后加工阶段的铸次总数量。

$b_{i,j}$:原调度中浇次 i 在加工阶段 j 的开工时间。

$e_{i,j}$:原调度中浇次 i 在加工阶段 j 的完工时间。

$p_{i,j}$:浇次 i 在加工阶段 j 的标准加工时间。

$p_{i,j}^{L}$:浇次 i 在加工阶段 j 的最小加工时间 $p_{i,j}^{L}=0.9\times p_{i,j}$。

$p_{i,j}^{H}$:浇次 i 在加工阶段 j 的最大加工时间 $p_{i,j}^{H}=1.1\times p_{i,j}$。

$v_{i,j,k}$:浇次 i 在加工阶段 j 选择设备 k 加工。

PM_j:加工阶段 j 的并行设备集合。

J:n 个工件的集合,$J=\{J_1,J_2,\cdots,J_n\}$。

$J_p=\{o_{p-1}+1,o_{p-1}+2,\cdots,o_p\}$:连铸阶段的 p 铸次,其中 $o_{p-1}+1,o_{p-1}+2,\cdots,o_p\in J,b_{(o_{p-1}+i),s}=e_{(o_{p-1}+i-1),s},i=2,\cdots,|J_p|$。

Ω:l 个浇次的集合,$\Omega=\{\Omega_1,\Omega_2,\cdots,\Omega_l\}$。

$T_{j,j+1}$:加工阶段 j 到 $j+1$ 的传输时间。

ST_p:铸次 p 在连铸阶段的启动时间。

D_p:铸次 p 的预定连铸开工时间。

$E_{j,k}$:加工阶段 j 的设备 k 的故障开始时间。

MB_d^k:加工阶段 j 的设备 k 的故障维修时间。

pt_d:加工时间变化延迟时间。

W_1:平均滞留时间惩罚系数。

W_2:提前连铸的惩罚系数。

W_3:滞后连铸的惩罚系数。

W_4:断浇惩罚系数。

W_5:系统不稳定惩罚系数。

3) 决策变量

$\overline{b_{i,j}}$:重调度中浇次 i 在加工阶段 j 的开工时间。

$\overline{e_{i,j}}$:重调度中浇次 i 在加工阶段 j 的完工时间。

$\overline{p_{i,j}}$:重调度中浇次 i 在加工阶段 j 的加工时间。

$\overline{b_p}$:铸次 p 的开工时间。

$\overline{e_p}$:铸次 p 的完工时间。

6.2.3　数学模型

综合上述变量,建立炼钢-连铸重调度问题的模型如下:

$$\min f = W_1 \times F_1 + W_2 \times F_2 + W_3 \times F_3 + W_4 \times F_4 + W_5 \times F_5$$

$$F_1 = \sum_{i=1}^{n} (\overline{b_{i,s}} - \overline{e_{i,1}})/n \tag{6.1}$$

$$F_2 = \sum_{p=1}^{l} \max(0, D_p - \overline{b_p}) \tag{6.2}$$

$$F_3 = \sum_{p=1}^{l} \max(0, \overline{b_p} - D_p) \tag{6.3}$$

$$F_4 = \sum_{p=1}^{l} \sum_{i=2}^{|J_p|} (\overline{e_{(o_{p-1}+i),s}} - \overline{b_{(o_{p-1}+i-1),s}}) \tag{6.4}$$

$$F_5 = \sum_{j=1}^{s} \sum_{i=1}^{n} u_{i,j} \tag{6.5}$$

$$\sum_{k \in M_j}^{\text{s.t.}} x_{i,j,k} = 1, \quad \forall i \in J, \quad j \in \{1,2,\cdots,s\} \tag{6.6}$$

$$\overline{b_{i,j+1}} - (\overline{b_{i,j}} + \overline{p_{i,j}} + T_{j,j+1}) \geqslant 0, \quad \forall i \in J, \quad j \in \{1,2,\cdots,s-1\} \tag{6.7}$$

$$\overline{b_q} - (\overline{e_p} + ST_q) \cdot z_{p,q} \geqslant 0, \quad p,q \in \{1,2,\cdots,l\} \tag{6.8}$$

$$(E_{j,k} - \overline{e_{i,j}}) \cdot v_{i,j,k} \geqslant 0, \quad \forall i \in J, \quad j \in \{1,2,\cdots,s\}, \quad k \in M \tag{6.9}$$

$$(E_{j,k} + MB_d^k - \overline{b_{i,j}}) \cdot v_{i,j,k} \geqslant 0, \quad \forall i \in J, \quad j \in \{1,2,\cdots,s\}, \quad k \in M \tag{6.10}$$

$$x_{i,j,k} \in \{0,1\}, \quad \forall i \in J, \quad j \in \{1,2,\cdots,s\}, \quad k \in M \tag{6.11}$$

$$u_{i,j} \in \{0,1\}, \quad \forall i \in J, \quad j \in \{1,2,\cdots,s\} \tag{6.12}$$

$$z_{p,q} \in \{0,1\}, \quad p,q \in \{1,2,\cdots,l\} \tag{6.13}$$

式(6.1)~式(6.5)描述了问题的五个优化目标,包括平均滞留时间、提前惩罚、滞后惩罚、断浇惩罚和系统不稳定量。约束(6.6)保证了工件必须经过每个加工阶段,且在每个加工阶段只能选择一个加工设备。约束(6.7)确保同一个工件的连续加工工序,后续工序必须等待前继工序的完工。约束(6.8)确保同一铸次的连续加工的浇次,加工时间不能重叠。约束(6.9)和约束(6.10)保证工件的加工不能和设备故障突发事件重叠,即设备故障维修期间不能加工任何工件。约束(6.11)~结束(6.13)限定了参数的取值范围。

6.3　炼钢-连铸重调度问题复杂度分析

第4章研究了炼钢-连铸静态调度问题。在现实生产过程中,往往存在不确定性的扰动,使得静态调度方案发生变化或不可行。与静态调度相比,炼钢-连铸动态调度往往存在如下难点。

(1)重调度精确建模的复杂性。

炼钢-连铸重调度生产过程需要综合考虑钢水成分、温度和时间三个关键要素[15]。调度首要目标是尽量保证连铸机连续浇铸、钢包平均滞留时间最小化。因而,炼钢-连铸重调度是一个多约束、多目标、高复杂性的生产过程。在这些目标或约束中含有多个不确定的参数,例如,各指标惩罚系数的不确定、加工时间和运输时间的不确定,这些不确定参量都给精确建模带来了难度[15]。

(2)重调度响应的快速性。

在炼钢-连铸整个生产过程中,钢水通常需要在高温下加工处理,一旦发生突发事件,要求调度算法能够快速生成重调度方案,否则就会造成巨大的损失。现场通常要求重调度方案在1min内完成,因而对算法效率要求极高。

(3)突发事件的不确定性。

炼钢-连铸生产过程中,一些不确定性的突发事件时刻都有可能发生。例如,钢水成分不合格、设备突发故障、紧急插单、订单取消、加工时间变化、人工意外操作等。上述扰动都可能导致原调度发生很大的变化。如何同时兼顾实时性与优化性,是重调度算法需要解决的一个难题。

(4)重调度问题本身的复杂性。

Lee和Kim[27]证明考虑设备可用约束的并行机调度是NP难问题。Pan等[28]证明,优化平均滞留时间、提前/滞后惩罚值等三个目标的炼钢-连铸静态调度问题是NP难问题。由于本节研究的炼钢-连铸重调度问题,综合考虑了设备随机故障和工件加工时间随机变化两种突发事件,优化平均滞留时间、提前/滞后惩罚值、断浇惩罚和系统不稳定量等五个目标,因而也是NP难问题。

6.4 炼钢-连铸重调度问题相关策略

6.4.1 启发式规则

本节采用预测-反应策略求解重调度问题。预测-反应策略通常包含两个步骤[29]：①生成一个可行的原调度；②根据突发事件调整原调度。在突发事件点之前已经开始加工第一道工序的工件，维持其调度次序不变，其他工件进行重调度。

在本节中，结合问题结构特征，给出了两种有效的启发式规则：①断浇最小化策略，其中包括加工时间延迟策略和断浇消除策略；②右移策略。

6.4.2 工件分组

重调度开始之前，所有工件需要按照突发事件发生时刻进行分组，具体分为以下三组。

(1) G_1：分组包含所有在突发事件发生时刻已经开始加工第一道工序的工件，即

$$G_1 = \{O_{i,j} \mid (e_{i,j} \leqslant E_{j,k}) \vee (b_{i,j} < E_{j,k} \wedge x_{i,j,k} = 0)\}$$

(2) G_2：分组包含所有受到设备故障事件影响，需要删除其后续所有工序的工件，即

$$G_2 = \{\{O_{i,j} \mid (e_{i,j} > E_{j,k} \wedge b_{i,j} < E_{j,k} \wedge x_{i,j,k} = 1)\}, O_{i,j+1}, \cdots, O_{i,s}\}$$

(3) G_3：分组包含所有在突发事件发生时刻，未开始加工任何工序的工件，即

$$G_3 = \{O_{i,j} \mid b_{i,j} > E_{j,k}\}$$

图 6-1 给出了包含 8 个浇次，3 个加工阶段的炼钢-连铸重调度算例。其中，冶炼阶段包含两个并行冶炼炉，精炼阶段包含三个并行精炼炉，连铸阶段包含两部连铸装置。每个连铸设备每个工作日加工四个铸次，即 $\Omega_1 = \{1, 2, 3, 4\}$，$\Omega_2 = \{5, 6, 7, 8\}$。记 $T_{1,2} = 12$，$T_{2,3} = 13$，$ST_1 = ST_2 = 100$，$D_1 = 158$，分组对应的甘特图如图 6-1 所示。

图 6-1 中，每个浇次或工件用一个矩形表示，灰色的工件表示其在突发事件之前已经开始加工，因而分配到第一分组且不能进行重调度。第一分组 $G_1 = \{O_{5,1}, O_{6,1}, O_{1,1}, O_{5,2}\}$。设备故障发生时刻，工序 O_2 正在故障设备上加工，受到设备故障影响，该工件必须销毁，其后的所有工序也被撤销。因而，第二分组包含工件 J_2，即 $G_2 = \{O_{2,1}, O_{2,2}, O_{2,3}\}$。第三分组则包含了其余所有工序。

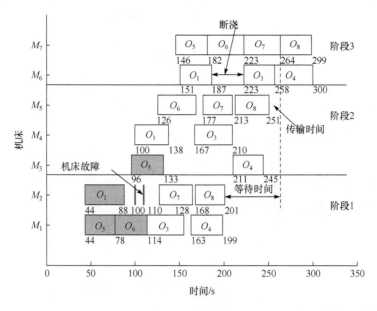

图 6-1 工件分组

6.4.3 加工时间延迟策略

在炼钢-连铸生产系统中,每个炉次的加工时间由于一些不可预知因素的影响而变化,因而不是固定不变的。通常的规则是,首先,安排每个炉次的加工时间为其标准加工时间;然后,在动态环境中,如果出现一些突发事件,如断浇事件,则增加或减小相应工件的加工时间,以最小化断浇惩罚值。具体步骤如下。

步骤 1 对于第一分组的所有工序,设定其标准加工时间。

步骤 2 除连铸阶段,设定其余所有加工阶段中所有工序的加工时间为其标准加工时间。

步骤 3 对于连铸阶段,判断是否存在断浇,如果没有断浇则停止算法;否则,执行步骤 4。

步骤 4 对于给定的断浇,如果前序工序 $O_{i,s}$ 在突发事件发生时刻,尚未完工,则设置其加工时间为:$\min\{0.1p_{i,s}, b_{i+1,s} - e_{i,s}\}$。

上述启发式规则时间复杂度为 $O(n)$。对于图 6-1 中的例子,应用上述启发式规则后的甘特图如图 6-2 所示。由图可见,工序 O_1 在连铸阶段的加工时间延长,从而降低了断浇惩罚值,进而减小了总目标值。假定 $C_1=10, C_2=1, C_3=10, C_4=50, C_5=30$,新的目标值为

$$F = F_1 + F_2 + F_3 + F_4 + F_5 = 10 \times 55.875 + 1 \times 7 + 10 \times 0 + 50 \times 28 + 30 \times 0 = 1965.75$$

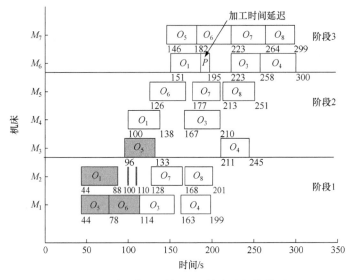

图 6-2　采用加工时间延迟策略后的甘特图

6.4.4　断浇消除策略

为了进一步减小断浇惩罚值,本节给出了一种断浇消除策略。图 6-3 给出了连铸阶段的部分甘特图。图中,第一个浇次有三个断浇点,分别是炉次 2 和炉次 3 之间、炉次 3 和炉次 5 之间,以及炉次 5 和炉次 7 之间。如果移动每个炉次到右侧,将降低提前惩罚和断浇惩罚,同时增加平均滞留时间和滞后惩罚值。因而,右移消除断浇需要判断条件是否满足。

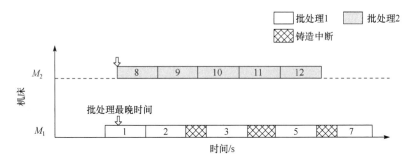

图 6-3　带有断浇的甘特图示例

1) 计算可消除断浇量 h'

假设有 n 个断浇点。首先,把当前批次划分为 $n+1$ 个分组,每个分组 q 中包含 G_q 个工序。令 S_b 为当前分批的开工时间,P_b 为当前分批的预定连铸开工时间。记右移长度 h 满足条件 $0 \leqslant h \leqslant \sum\limits_{i=0}^{n} L_i$,其中 $L_0 = 0$,L_i 表示第 i 个断浇的长度。

如果右移当前批次以消除 h' 个断浇点,则当前批次的第一个工序需要右移 $\sum\limits_{i=0}^{h'} L_i$ 个时间单位,则需要考虑以下条件。

(1) 断浇惩罚减小量:$\Delta_1 = C_4 \sum\limits_{i=0}^{h'} L_i$。

(2) 提前/滞后惩罚变化量:

$$\Delta_2 = C_3 \alpha \big(\sum\limits_{i=0}^{h'} L_i - \alpha(P_b - S_b, 0), 0 \big) - C_2 \beta \big(\sum\limits_{i=0}^{h'} L_i, \alpha(P_b - S_b, 0) \big) \quad (6.14)$$

其中,$\alpha(x, y)$ 和 $\beta(x, y)$ 分别表示两个输入变量 x 和 y 的最大和最小值。

(3) 平均滞留时间的增加量:$\Delta_3 = C_1 \sum\limits_{i=0}^{h'} L_i \big(\sum\limits_{j=0}^{i} G_j \big)$,其中 $G_0 = 0$。

h' 取满足式(6.15)的最大整数值:

$$\Delta = \Delta_1 - \Delta_2 - \Delta_3 \quad (6.15)$$

2) 决定右移长度

计算 h' 后,接下来需要计算 h 的值,其中 h 表示右移长度,计算过程需要考虑以下条件。

(1) 断浇惩罚减小量:$\nabla_1 = C_4 h$。

(2) 提前/滞后惩罚变化量:

$$\nabla_2 = C_3 \alpha(h - \alpha(P_b - S_b, 0), 0) - C_2 \beta(h, \alpha(P_b - S_b, 0)) \quad (6.16)$$

(3) 平均滞后时间的增加量:

$$\nabla_3 = C_1 \sum\limits_{i=0}^{h'} L_i \big(\sum\limits_{j=0}^{i} G_j \big) + C_1 \big((h - \sum\limits_{i=0}^{h'} L_i) \sum\limits_{j=0}^{h'+1} G_j \big) \quad (6.17)$$

h 取满足式(6.18)的最大值:

$$\nabla = \nabla_1 - \nabla_2 - \nabla_3 \quad (6.18)$$

其中,$\sum\limits_{i=0}^{h'} L_i \leqslant h \leqslant \sum\limits_{i=0}^{h'+1} L_i$

3) 断浇消除策略的具体步骤

给定一个铸次,记录其所有断浇点 $L = \{L_1, L_2, \cdots, L_n\}$,以及每个断浇批次的工序集合 $G = \{G_1, G_2, \cdots, G_n\}$。则断浇消除启发式规则的具体步骤如下。

步骤 1　自左向右,考虑每个断浇批次的右移量,计算 h',即满足条件 Δ 的最大整数值。

步骤 2　如果所有断浇情况已经消除,则记 $h = \sum\limits_{i=0}^{h'} L_i$;否则,计算 h 为满足条件 ∇ 的最大值。

步骤 3　新的目标值计算如下:

$$f_{\text{new}} = f_{\text{old}} - \nabla \quad (6.19)$$

上述启发式规则的时间复杂度为 $O(n^2)$。对于图 6-1 中的算例,h' 和 h 的计算过程如下:

$$h'=1, \quad \Delta_1=50\times28=1400, \quad \Delta_2=10\times21-1\times7=203$$

$$\Delta_3=10\times(59.375-55.875)=35, \quad \Delta=\Delta_1-\Delta_2-\Delta_3=1162$$

由于上述系统中只存在一个断浇点,因而得到 $h=36$,$\nabla=\Delta=1162$。之后,计算新的目标值如下:

$$f_{\text{new}}=1965.75-1162=803.75$$

图 6-4 给出了应用断浇消除策略后的甘特图,由图可见,上述启发式规则可以明显降低解的目标值。

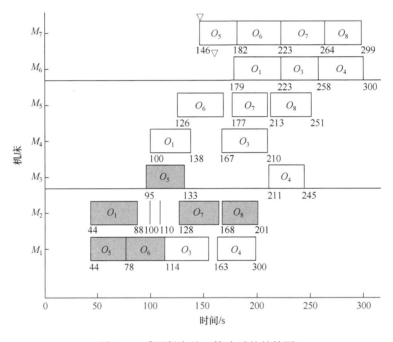

图 6-4 采用断浇处理策略后的甘特图

6.4.5 右移策略

本节给出减小提前惩罚量的右移策略。给定 N 个批次或铸次,N_E 表示可重调度的提前开工铸次集合。首先,按照提前惩罚量进行排序 $\omega=(\omega(1),\omega(2),\cdots,\omega(N_E))$,$E(1)\leqslant E(2)\leqslant\cdots\leqslant E(N_E)$。其中 $E(1),E(2),\cdots,E(N_E)$ 分别表示铸次 $\omega(1),\omega(2),\cdots,\omega(N_E)$ 的提前惩罚量,$|\omega(i)|$ 表示铸次 $\omega(i)$ 的浇次数量,其中 $1\leqslant i\leqslant N_E$。

由于可能存在相同的提前惩罚量,在此创建一个向量 $\beta=(\beta(1),\beta(2),\cdots,\beta(N_U))$。其中 $N_U\leqslant N_E$,用于记录唯一的提前惩罚值,即在 β 中,每个提前惩罚量仅出现一次。记 N_E^1 表示 ω 没有删除任何元素的长度，即 $N_E^1 = \text{len}(\omega)$；$N_E^2$ 表示 ω 删除提前惩罚量为 $\beta(1)$ 的元素后的长度；N_E^l 表示 ω 删除提前惩罚量小于或等于 $\beta(l-1)$ 的元素后的长度。

针对上述调度，最小化提前惩罚量的右移次数 q 应满足 $q = l$。其中 l 应满足条件：$N_E^l > (C_3 N + C_1 \sum_{i=1}^{N} |\omega(i)|/n)/(C_2 + C_3)$。

基于上述属性，目标值的变化为

$$\Delta\pi = \sum_{i=1}^{q} \left\{ (C_3 N - (C_2 + C_3) N_E^i + C_1 \sum_{i=1}^{N} |\omega(i)|/n)(\beta(i) - \beta(i-1)) \right\}$$

(6.20)

其中，$\beta(0) = 0$，$N_E^0 = 0$。

新的目标值计算如下：

$$f_{\text{new}} = f_{\text{old}} - \Delta\pi \tag{6.21}$$

其中，f_{old} 是右移之前的目标值；f_{new} 是右移之后的目标值。

例如，图 6-5(a)给出一个炼钢-连铸重调度问题中连铸阶段的甘特图。五个铸次中，第一个铸次需保持其开工时间，其余四个铸次可以重调度。表 6-1 给出了每个铸次的提前量。给定 $N=4$，$N_E=3$，$\omega=(3,5,4)$，$\beta=(2,3,5)$。记 $C_2=20$，$C_3=5$，$C_1=30$，初始目标值为 $f=900$，则 N_E^l 计算如下。

$$\left(C_3 N + C_1 \sum_{i=1}^{N} |\omega(i)|/n\right)/(C_2 + C_3) = 1.8$$

$$l=1, \quad N_E^1 = \text{len}(\omega) = 3 > 1.8$$

$$l=2, \quad N_E^2 = \text{len}(\omega - \{3\}) = 2 > 1.8$$

$$l=3, \quad N_E^3 = \text{len}(\omega - \{3,5\}) = 1 < 1.8$$

表 6-1　每个浇次提前时间值

序号	铸件编号	提前值	总操作
1	3	2	2
2	4	5	4
3	5	3	2

因此，$q=2$，即可重调度工序可以右移两次。第一次可以右移两个时间单位，第二次则可以右移一个时间单位。右移后的目标值变化为

$\Delta\pi = (45-75) \times (2-0) + (45-50) \times (3-2) = -65$。因而，新的目标值为 $f = 900 - 65 = 835$。

上述启发式规则时间复杂度为 $O(n)$。图 6-5(b)给出了应用右移策略后的甘特图。

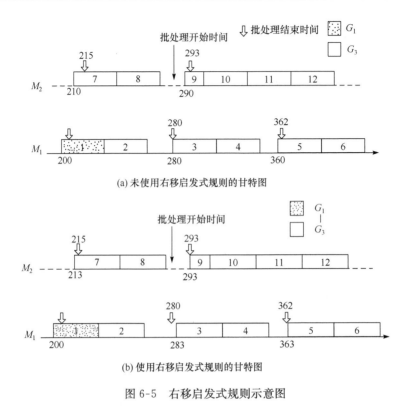

(a) 未使用右移启发式规则的甘特图

(b) 使用右移启发式规则的甘特图

图 6-5　右移启发式规则示意图

6.5　炼钢-连铸重调度算法研究

6.5.1　编码策略

为求解炼钢-连铸重调度问题,本节提出了一种新的编码策略。每个解由两个独立的向量组成。第一个向量称为设备分配向量,用于记录每个工序分配设备的信息;第二个向量称为调度向量,用于记录每个加工阶段的工序调度次序。如图 6-6 所示,新的编码策略中包含了两种编码向量。调度向量中,包含冶炼、精炼和连铸等三个加工阶段的调度次序。例如,在冶炼阶段,共有四个工序可以重调度,其加工次序是:O_3, O_4, O_7, O_8,即在冶炼阶段。在其余四个工件次序固定的情况下,可重新调度上述四个工件,且先后次序如上。在精炼阶段,由于工件 2 受到设备故障突发事件的影响,需要撤销,而工件 5 属于第一分组,其余工件可以重新调度。在最后连铸阶段,除工件 2,其余工件都可重调度。图 6-6(b) 给出了各个工件在每个加工阶段的设备分配情况。例如,工件 J_1 在冶炼阶段分配在设备 M_2 上加工,在精炼阶段分配在设备 M_4 上加工。应当指出的是,在最后阶段,每个炉次由指定连铸机加工,因而,最后阶段的设备分配是固定不变的。

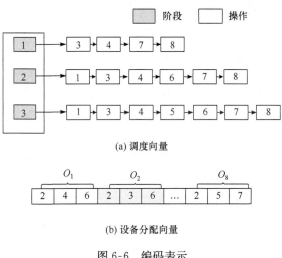

(a) 调度向量

(b) 设备分配向量

图 6-6　编码表示

6.5.2　解码策略

为了适应实际的生产过程,引入两阶段解码策略,即前向解码和后向解码。前向解码策略可以有效减小最大完工时间和滞后惩罚,然而,平均滞留时间和提前惩罚可能因此增加。后向解码策略可以在前向解码的基础之上,有效减小平均滞留时间和提前惩罚,从而降低温度损失带来的成本。

1) 前向策略

前向策略的基本思想是,尽可能让每个工件最早开工。因而,在分配工件开工时间时,以最早可能的开工时间作为每个工件的开工时间,具体过程如下。

(1) 冶炼阶段。在冶炼阶段,依次取出调度向量中的每个炉次 $\pi(i)$。记 u_k 为设备 m_k 的可用时间,其中 $k \in \mathrm{PM}_1$,m_k 是在设备分配向量中分配给 $\pi(i)$ 的设备。则炉次 $\pi(i)$ 在不考虑突发事件下的可能开工时间为 $\overline{b_{i,1}} = u_k$。如果炉次 $\pi(i)$ 的加工时间与设备故障事件冲突,则设置该炉次的开工时间为 $\overline{b_{i,1}} = \max\{u_k, E_{j,k} + \mathrm{MB}_d^k\}$。设备 m_k 的可用时间设置为 $u_k = \overline{b_{i,1}} + p_{i,1}$。

(2) 精炼阶段。在精炼阶段,依次取出调度向量中的每个炉次 $\pi(i)$。记 u_k 为设备 m_k 的可用时间,其中 $k \in \mathrm{PM}_2$,m_k 是在设备分配向量中分配给 $\pi(i)$ 的设备,则炉次 $\pi(i)$ 在不考虑突发事件下的可能开工时间为 $\overline{b_{i,2}} = \max\{u_k, \overline{e_{i,1}} + T_{1,2}\}$。如果炉次 $\pi(i)$ 的加工时间与设备故障事件冲突,则设置该炉次的开工时间为 $\overline{b_{i,2}} = \max\{u_k, \overline{e_{i,1}} + T_{1,2}, E_{j,k} + \mathrm{MB}_d^k\}$。设备 m_k 的可用时间设置为 $u_k = \overline{b_{i,2}} + p_{i,2}$。

（3）连铸阶段。在连铸阶段，依次取出调度向量中的每个炉次 $\pi(i)$。记 $\gamma(i)$ 是包含炉次 $\pi(i)$ 的浇次，u_k 为设备 m_k 的可用时间，其中 $k \in \mathrm{PM}_3$，m_k 是在设备分配向量中分配给 $\pi(i)$ 的设备。则炉次的可能开工时间为 $\overline{b_{i,s}} = \max\{\mathrm{ST}_{\gamma(i)}, u_k, \overline{e_{i,s-1}} + T_{s-1,s}\}$，如果炉次 $\pi(i)$ 是该浇次的第一个工件，则 $u_k = 0$，否则，记 $u_k = \overline{b_{i,s}} + p_{i,s}$。

上述启发式规则的时间复杂度为 $O(n)$。针对图 6-1 给出的算例，图 6-7 是采用前向策略后的甘特图。由图可见，应用前向策略后，解的目标值明显优于原来的解。最终的目标值为

$$F = F_1 + F_2 + F_3 + F_4 + F_5 = 10 \times 61.75 + 1 \times 7 + 10 \times 0 + 50 \times 36 + 30 \times 0 = 2424.5$$

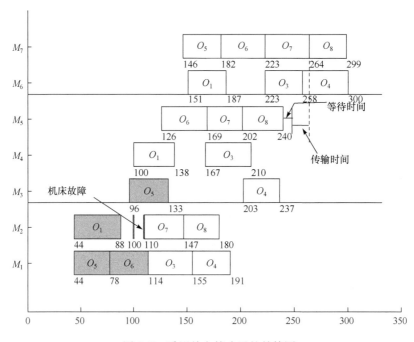

图 6-7　采用前向策略后的甘特图

2）后向策略

为了适应连铸的约束条件，在连铸阶段，每个浇次的所有连续加工的炉次应尽可能减小断浇。因而，连铸阶段应该右移部分炉次以消除断浇。另外，为了减小平均滞留时间，其余加工阶段的炉次应该相应右移，具体过程如下。

（1）连铸阶段。在连铸阶段，依次取出调度向量中的每个炉次 $\pi(i)$。记 $\gamma(i)$ 是包含炉次 $\pi(i)$ 的浇次，u_k 为设备 m_k 的可用时间，其中 $k \in \mathrm{PM}_3$，m_k 是在设备分配向量中分配给 $\pi(i)$ 的设备，则炉次的可能开工时间为

$$s_{i,s} = \begin{cases} \max\{ST_{\gamma(i)}, u_k, \overline{e_{i,s-1}} + T_{s-1,s}, \overline{b_{\gamma(i)}}\}, & \text{若 } i \text{ 是浇次 } \gamma(i) \text{ 的第一个炉次} \\ \max\{u_k, \overline{e_{i,s-1}} + T_{s-1,s}\}, & \text{其他} \end{cases} \quad (6.22)$$

其中,如果 $\pi(i)$ 是当前浇次的第一个炉次,则 $u_k = 0$;否则,$u_k = \overline{b_{i,s}} + \overline{p_{i,s}}$。

应当指出的是,不能右移处于第一分组的工序,即在突发事件到达时刻已经开工的工序不能右移。这样,右移后续工序时会出现与前继工序的断浇,这些断浇可以通过 6.4.4 节给出的启发式规则消除。

(2) 精炼阶段。在精炼阶段,依次取出调度向量中的每个炉次 $\pi(i)$。记 u_k 为设备 m_k 的可用时间,其中 $k \in PM_2$,m_k 是在设备分配向量中分配给 $\pi(i)$ 的设备,则炉次 $\pi(i)$ 在不考虑突发事件下的可能开工时间为 $\overline{b_{i,s-1}} = \min\{u_k, \overline{b_{i,s}} - T_{s-1,s}\}$。如果炉次 $\pi(i)$ 的加工时间与设备故障事件冲突,则设置该炉次的开工时间为 $\overline{b_{i,s-1}} = \min\{E_{2,k} + MB_d^k, \overline{b_{i,s-1}} + p_{i,s-1}\}$。

(3) 冶炼阶段。在冶炼阶段,依次取出调度向量中的每个炉次 $\pi(i)$。记 u_k 为设备 m_k 的可用时间,其中 $k \in PM_1$,m_k 是在设备分配向量中分配给 $\pi(i)$ 的设备。则炉次 $\pi(i)$ 在不考虑突发事件下的可能开工时间为 $\overline{b_{i,1}} = \min\{u_k, \overline{b_{i,2}} - T_{1,2}\}$。如果炉次 $\pi(i)$ 的加工时间与设备故障时间冲突,则设置该炉次的开工时间为 $\overline{b_{i,1}} = \min\{E_{1,k} + MB_d^k, \overline{b_{i,1}} + p_{i,1}\}$。

上述启发式规则的时间复杂度为 $O(n)$。图 6-1 是采用后向策略后的甘特图。由图可见,应用后向策略后,解的目标值明显优于图 6-7 的解。最终的目标值为
$$F = F_1 + F_2 + F_3 + F_4 + F_5 = 10 \times 55.875 + 1 \times 7 + 10 \times 0 + 50 \times 36 + 30 \times 0 = 2365.75$$

6.5.3　邻域结构

结合炼钢-连铸重调度问题特征,本节给出两个层次的邻域结构:设备分配邻域和调度邻域。

1) 设备分配邻域

设备分配邻域用于为某个工序选择不同的加工设备。目前文献常用随机变换设备邻域方式[30]。为平衡算法的局部搜索和全局搜索能力,我们给出了一种基于外部存储集的设备分配邻域(archive-based machine assignment neighborhood, AMAN)。记 P^B 为包含全局最优目标值的解集合,初始时,P^B 为空。迭代开始后,每次找到最好的解 s_b 都用于更新 P^B。更新过程如下:如果解 s_b 优于 P^B 中的任何一个解,则清空 P^B 并插入 s_b 到 P^B 中;如果解 s_b 的目标值与 P^B 中解的目标值相同,则比较解 s_b 的五个子目标是否与 P^B 中的任何一个解相同,若有相同的解则忽略,否则插入 s_b 到 P^B 中。例如,假设解 s_b 的目标值为 $f = 13700$,其五个子目标分别是:$f_1 = 1252$,$f_2 = 10$,$f_3 = 3$,$f_4 = 15$,$f_5 = 13$,记 $s_b = \{13700, 1252, 10, 3,$

15,13}。假设当前 $P^B = \{s_1 : \{13700, 1253, 10, 2, 15, 13\}, s_2 = \{13700, 1253, 20, 1, 15, 13\}\}$。则插入 s_b 到集合 P^B 中。新的 $P^B = \{s_1 : \{13700, 1253, 10, 2, 15, 13\}, s_2 = \{13700, 1253, 20, 1, 15, 13\}, s_3 = \{13700, 1252, 10, 3, 15, 13\}\}$。每次迭代后,集合 P^B 包含全局最好的解,同时保持最好解的多样性,有效平衡了局部和全局搜索能力。基于上述最好解集合,设备分配邻域的具体步骤如下。

步骤 1 设置参数 p_l 和 l_{max},其中,p_l 表示学习全局最好解的概率,l_{max} 表示最大学习强度。

步骤 2 平均分割最大迭代周期 l_{max} 份。

步骤 3 如果当前迭代属于第 i 段迭代周期,则当前学习强度 l_s 设置 $(l_{max} - i - 1)$。

步骤 4 对每个解 s_i,生成一个随机数,如果 $r \leqslant p_l$,则执行步骤 3.4。

步骤 5 循环执行以下步骤次:①除连铸阶段,随机选择一个加工阶段;②在选中的加工阶段,随机选择一个工序;③随机选择集合 P^B 中的任何一个最好解 s_b;④为选中的工序分配与解 s_b 对应位置相同的设备,即按照最好解 s_b 为选中的工序分配设备。

2)调度邻域

求解经典混合流水作业调度问题中,通常采用插入、交换等邻域结构。Pan 等[28]证明,多交换邻域结构优于经典的插入、交换等邻域结构。然而,在求解炼钢-连铸重调度问题中,其中一个目标是最小化系统不稳定性,上述邻域结构的作用还需进一步实验验证。

针对炼钢-连铸重调度问题,本节给出了一种多交换邻域和插入邻域随机混合的调度邻域结构(RA-select),即随机选择上述两种邻域的方式。

6.5.4 解集初始化

初始化的具体步骤如下。

步骤 1 根据突发事件发生时刻,把所有工序划分为三个分组。

步骤 2 基于原调度和突发事件,采用 6.5.3 节给出的两种邻域,随机产生一个可行调度解。若该解在当前解集中没有出现,则插入解集;否则,忽略;

步骤 3 循环上述步骤,直到解集的大小达到 PS。

6.5.5 算法流程

HDABC 算法的详细流程图如图 6-8 所示。

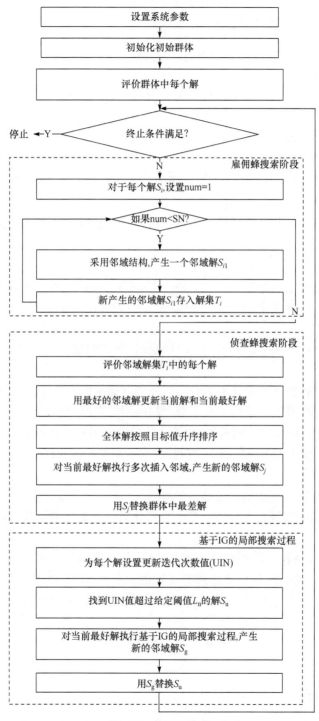

图 6-8　算法流程图

6.5.6　基于 IG 的局部搜索过程

为增强算法的搜索能力,设计了一种基于 IG 的局部搜索策略,具体步骤如下。

步骤 1　设置参数 LEN,LEN 是 IG 方法的析构长度。

步骤 2　对于给定的解 S_i,执行步骤 3～步骤 5。

步骤 3　在析构阶段,随机选择解 S_i 中 LEN 个工序,从原解中删除这些选中的工序,并保存到向量 T_d。

步骤 4　在构造阶段,依次取出向量 T_d 中的每个工序,插入到原解中的最佳位置,直到向量 T_d 为空。

步骤 5　计算新生成的邻域解的目标值,并用于更新当前解和全局最优解。

6.5.7　算法收敛性分析

HDABC 算法总体框架与基本 ABC 算法相同,两者主要区别如下。

(1) HDABC 算法中设计了一种前向策略和后向策略相结合的两阶段解码策略。

(2) HDABC 算法中设计了加工时间延迟、断浇消除、工件右移等三种启发式规则。

(3) HDABC 算法中设计了一种基于外部存储集的设备选择邻域结构。

(4) HDABC 算法中给出了基于 IG 算法的局部搜索过程。

上述对基本 ABC 算法的改进,对算法收敛性的影响分析如下。

(1) 两阶段解码策略和启发式规则,改善了调度方案的目标值,不影响算法全局收敛性。

(2) 基于外部存储集的设备选择邻域结构,进一步加强了算法全局搜索能力。

(3) 只对最好解执行基于 IG 算法的强化局部搜索策略,不影响算法全局收敛性。

从上述分析来看,HDABC 算法的搜索过程满足马尔可夫性。HDABC 算法构成的马尔可夫链的转移概率矩阵是正则的。又因为 HDABC 算法保留了最优解,进而根据文献[31]定理 6 可知,HDABC 算法具有收敛到全局最优解的能力。

6.6　实　验　分　析

6.6.1　实验设置

以 VC++6.0 为开发环境,采用 Intel i7 3.4 GHz CPU、16GB 内存的计算机

进行测试。比较算法包括 DABC[28] 和 PIDE[22]。其中,PIDE 算法是一种用于求解炼钢-连铸重新调度问题的最新算法,而 DABC 算法则是求解炼钢-连铸静态调度的有效算法。为了求解炼钢-连铸重调度问题,对上述两种算法进行改进,以适应给出的算例和求解目标。所有比较算法终止条件是最大运行时间 100s。针对 120 个随机生成的算例,独立运行 30 次,将得到的平均目标值进行比较分析。

6.6.2　实验算例

在炼钢-连铸生产数据的基础上,随机生成 15 个不同规模的调度问题算例,具体如下。

(1) 炼钢-连铸生产过程主要包含三个阶段:炼钢、精炼、连铸。精炼阶段又划分为 1~3 重精炼子阶段。因此,实验选择 3~6 个加工阶段。

(2) 炼钢阶段有 5~6 台并行加工的转炉;精炼阶段有 5~6 台并行的精炼炉;连铸阶段有 5~6 台并行的连铸机。

(3) 每个连铸机每个工作日加工 3~4 个浇次,每个浇次每次连续加工 2~6 个炉次或工件。这样,每个工作日大约可连续加工 15~24 个浇次,共计约 120 个炉次或工件。

(4) 每个工件或炉次,其加工时间是预知的并且是常量,每个炉次在三个加工阶段的加工时间取值范围为[36,50]。算例生成时,在此取值范围内随机取值。

(5) 对每个加工设备,释放时间不考虑。

(6) 两个连续加工的阶段之间,传输时间在取值范围[10,15]内随机选取。

(7) 每个浇次的启动时间固定为 100。

(8) 每个连铸机的预定开工时间为该连铸机第一个浇次的第一个炉次的估计开工时间。

(9) 突发事件时刻如下所示。①T_1:在冶炼加工阶段,随机选择一个设备 M_i,记 t_i 为设备 M_i 的最后完工时间点,在 $\left[0, \frac{1}{3} t_i\right]$ 范围内,随机选择一个时间点作为突发事件发生时间点。②T_2:在精炼加工阶段,随机选择一个设备 M_i,记 t_i 为设备 M_i 的最后完工时间点,在[0,70%t_i]范围内,随机选择一个时间点作为突发事件发生时间点。

(10) 记最大完工时间为 $C_{\max}$,则机器故障维修时间长度的三个层次分别是:0%×$C_{\max}$,3%×$C_{\max}$,6%×$C_{\max}$。

(11) 记工件的标准加工时间为 p_s,则工件加工时间变化长度分别是:0%×p_s,10%×p_s,20%×p_s。

(12) 由此,针对 15 个随机算例,共得到 120 个不同突发事件组合的算例。表 6-2 给出了这些组合的事件排列。其中,标有“T”、“M”和“V”的列分别表示:突发事件发生时间点、设备故障维修持续时间、工件加工时间变化水平。

表 6-2　不同突发事件组合

突发事件类型	T	M	V
E_1	1	1	2
E_2	1	1	3
E_3	1	2	1
E_4	1	3	1
E_5	2	1	2
E_6	2	1	3
E_7	2	2	1
E_8	2	3	1

6.6.3　实验参数

通过反复实验,设置如下参数 $L_n = 20$。其他五个参数是:解集大小 PS、HD-ABC 搜索强度 SN、学习最好解的概率 p_1、最大学习强度(l_{max})和基于 IG 的局部搜索的析构长度 LEN。通过大量实验对比,得到上述参数的四种水平,如表 6-3 所示。其中,n 表示工件的数目。针对前三个参数,即 PS、SN 和 p_l,采用正交阵列 $L_{16}(4^3)$ 进行实验分析。每个实验独立运行 30 次,30 次运行后得到的平均目标值作为反应变量(RV)。

表 6-3　不同参数水平

参数	水平			
	1	2	3	4
PS	10	30	50	100
SN	$n/20$	$n/10$	$n/5$	$n/2$
p_l	0.1	0.3	0.5	0.7
l_{max}	6	5	4	3
LEN	1	2	3	4

图 6-9 给出了前三个参数的水平示意图。根据实验结果可知,本算法前三个关键参数设置值为:PS $= 30$,SN $= n/5$,$p_l = 3$。对于其他两个参数也进行类似的实验,通过实验分析可得到:$l_{max} = 5$ 和 LEN $= 3$。

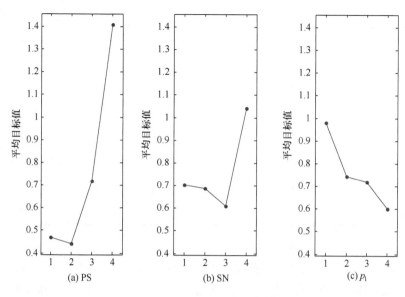

图 6-9 三个关键参数水平趋势图

6.6.4 启发式规则的有效性

为验证 6.4 节给出的启发式规则的有效性,本节分别实现 6.4 节所述启发式规则,并做了对比分析,对比结果如表 6-4 所示。表中,H-I 表示没有任何启发式规则的 HDABC 算法,H-II 表示加入右移启发式规则的 HDABC 算法,H-III 则加入了断浇消除启发式规则,H-IV 表示包含上述两种启发式规则的 HDABC 算法。上述四种算法针对给出的 120 个算例,在相同的硬件环境下独立运行 30 次,运行后的平均性能作为对比分析的结果。

表 6-4 问题相关启发式规则的 RPI 比较

算例	H-I	H-II	H-III	H-IV
Case1	5.24	0.44	3.92	0.00
Case2	5.49	4.74	1.82	0.00
Case3	5.68	4.62	0.57	0.00
Case4	5.45	1.08	1.27	0.00
Case5	15.94	7.98	0.43	0.00
Case6	9.42	0.42	0.00	0.08
Case7	5.87	2.02	2.12	0.00
Case8	17.30	1.15	7.07	0.00
Case9	7.66	4.59	0.37	0.00

续表

算例	H-I	H-II	H-III	H-IV
Case10	10.76	3.67	0.28	0.00
Case11	1.75	0.00	0.41	0.00
Case12	8.04	7.62	0.89	0.00
Case13	8.66	8.03	0.29	0.00
Case14	7.49	7.26	1.31	0.00
Case15	2.78	1.17	1.30	0.00
平均值	7.84	3.65	1.47	0.01

由表 6-4 可见：①H-IV 获得了 15 个算例中的 14 个较优解，而 H-II 和 H-III 则只能获得一个较优解；②H-I 是四种比较策略中最差者，其获得的平均目标值是 H-IV 结果的近 78 倍；③从表中最后一行的平均性能来看，H-IV 获得了最优的平均性能，其平均 RPI 值明显低于其他三种比较策略；④总体可见，两种启发式规则有效提高了算法求解的质量。

进一步，采用 Friedman 方法[32,33] 验证算法比较结果是否存在显著差异。Friedman 方法比较结果中，较小的 p 值表明不同算法之间具有显著的差异性。

针对表 6-4 的实验结果进行 Friedman 测试，得到的 p 值为 2.2849×10^{-8}，表明不同算法获得的结果是显著不同的。然而，Friedman 测试的结果只能分析多个算法之间是否显著差异，不能体现两个不同算法之间是否差异显著。为此，采用 Holm 测试方法进行多重比较实验[33]。图 6-10(a) 给出了多重比较的结果，表明 H-IV 与其他三种方法逐对比较，均表现了良好的性能。

6.6.5　邻域结构的有效性

1. 调度邻域有效性

本节给出三种调度邻域的比较结果，分别是多交换邻域（Multi-swap）、插入邻域（插入点）和随机混合邻域（RA-select）。实验结果如表 6-5 所示。由表可见：①随机混合邻域策略相比其他两种邻域策略获得了更好的性能。例如，所提出的 RA-select 策略获得 15 个算例中的 12 个较优解，而插入邻域得到了三个较优解，多交换邻域没有得到较优解。②由最后一行的平均 RPI 值可见，随机混合邻域为 0.06，明显低于其他两种策略。

表 6-5　调度邻域的 RPI 比较

算例	Multi-swap	插入点	RA-select
Case1	0.69	0.00	0.13
Case2	0.93	0.60	0.00
Case3	0.25	0.46	0.00
Case4	0.24	0.12	0.00
Case5	0.24	0.32	0.00
Case6	0.32	1.10	0.00
Case7	0.69	0.00	0.41
Case8	1.36	0.00	0.31
Case9	1.30	0.42	
Case10	1.10	1.26	0.00
Case11	0.80	0.66	0.00
Case12	1.20	0.71	0.00
Case13	0.95	0.34	0.00
Case14	1.58	1.14	0.00
Case15	1.56	0.24	0.00
平均值	0.88	0.49	0.06

　　针对上述实验结果,采用 Friedman 测试方法进行统计分析,得到 p 值为 1.4101×10^{-4},表明上述比较算法存在显著差异。

　　随机混合邻域有如下优点:①通过使用多交换策略,可以更好地执行局部搜索任务;②通过使用插入策略,可以更好地避免陷入局部最优,从而提高全局搜索能力。

2. 设备选择邻域有效性

　　本节给出三种设备选择邻域的比较结果,分别是交换邻域、单点交叉和 6.5.3 节给出的 AMAN 策略。实验结果如表 6-6 所示。由表可见:①AMAN 策略相比其他两种邻域策略获得了更好的性能。例如,AMAN 策略获得 15 个算例中的 13 个较优解;②由最后一行的平均 RPI 值可见,AMAN 策略得到了 0.03,明显低于其他两种策略。

表 6-6　设备选择邻域的 RPI 比较

算例	交换邻域	单点交叉	AMAN
Case1	0.05	2.10	0.00
Case2	0.46	1.28	0.00
Case3	0.31	0.54	0.00
Case4	0.14	4.07	0.00
Case5	0.13	0.99	0.00
Case6	0.00	0.42	0.00
Case7	0.15	0.97	0.00
Case8	2.48	2.29	0.00
Case9	0.98		0.48
Case10	0.79	4.57	0.00
Case11	0.11	2.08	0.00
Case12	0.24	0.68	0.00
Case13	0.00	2.65	0.01
Case14	0.33	0.31	0.00
Case15	0.28	0.34	0.00
平均值	0.43	1.55	0.03

AMAN 策略有如下优点：①在早期演化阶段，所提出的设备选择邻域从全局最优解中学习设备分配方案，从而提高了算法的收敛能力；②在后期演化阶段，学习强度会降低，这可以帮助算法避免陷入局部极小，从而提高全局搜索能力。

Friedman 测试方法的 p 值是 6.6779×10^{-5}，表明上述三个比较算法差异显著。

3. 不同邻域组合的有效性

本节给出不同邻域组合的差别，共实现以下三种不同邻域组合。

(1) NH-I：只包含设备选择邻域的策略；

(2) NH-II：只包含调度邻域的策略；

(3) NH-III：同时包含设备选择邻域和调度邻域的策略。

不同的邻域组合的比较结果如表 6-7 所示。由表可见，NH-III 取得了较好的性能，获得了 15 个随机算例中的全部较优解。Friedman 测试后获得的 p 值是 3.0590×10^{-7}，表明上述三种策略有显著差异性。由图 6-10(b) 可见，NH-III 明显优于其他两种比较策略。

表 6-7　邻域组合的 RPI 比较

算例	NH-I	NH-II	NH-III
Case1	9.73	3.78	0.00
Case2	9.48	3.23	0.00
Case3	9.93	0.62	0.00
Case4	18.21	3.89	0.00
Case5	32.88	2.07	0.00
Case6	25.17	4.40	0.00
Case7	14.48	1.94	0.00
Case8	40.36	6.28	0.00
Case9	25.62	4.68	0.00
Case10	28.13	10.34	0.00
Case11	4.04	2.18	0.00
Case12	30.23	6.23	0.00
Case13	38.64	4.62	0.00
Case14	16.78	8.54	0.00
Case15	23.03	0.35	0.00
平均值	21.78	4.21	0.00

6.6.6　基于 IG 的局部搜索过程的有效性

为验证基于 IG 的局部搜索过程的有效性,本节测试了两种比较算法,即 HD-ABC$_\text{NH}$ 和 HDABC,其中,HDABC$_\text{NH}$ 表示没有 IG 搜索过程的算法,HDABC 表示包含 IG 搜索过程的算法。两种比较算法的其他参数设置相同。经过 30 次独立运行,平均 RPI 比较结果如表 6-8 所示。由表可见:①HDABC 算法在给定的 15 个算例中获得了 13 个较优解,而 HDABC$_\text{NH}$ 算法仅获得了 Case8 和 Case15 两个算例的较优解;②由平均 RPI 性能可见,HDABC 算法获得的平均 RPI 值为 0.07,明显低于 HDABC$_\text{NH}$ 算法。Friedman 测试后获得的 p 值是 0.0045,表明上述两种算法有显著差异性。

表 6-8　加强策略的 RPI 比较

算例	HDABC$_\text{NH}$	HDABC
Case1	0.14	0.00
Case2	2.54	0.00
Case3	0.10	0.00

算例	HDABC$_{NH}$	HDABC
Case4	2.18	0.00
Case5	0.65	0.00
Case6	1.21	0.00
Case7	0.97	0.00
Case8	0.00	0.72
Case9	3.54	0.00
Case10	6.15	0.00
Case11	0.98	0.00
Case12	1.33	0.00
Case13	4.01	0.00
Case14	6.72	0.00
Case15	0.00	0.28
平均值	2.03	0.07

6.6.7 与 GA 和 TS 的比较

为进一步验证 HDABC 算法相比其他元启发式算法的性能,本节测试了求解炼钢-连铸重调度问题的 GA 算法和 TS 算法。GA 和 TS 两种算法,采用与 HDABC 算法相同的编码和解码策略。GA 算法采用单点交叉、mutation 变异策略[34]。TS 算法采用 swap 和 mutation 两种策略[35]。两种算法都实现了本章给出的断浇消除和右移启发式规则。

表 6-9 给出了上述三种算法的比较结果。由表可见,相比 GA 算法和 TS 算法,HDABC 算法表现了良好的性能。相比 GA 算法和 TS 算法,HDABC 算法的优势如下:①设备选择和调度邻域结构有效强化了算法的全局和局部搜索能力;②雇佣蜂搜索过程增强了算法的局部搜索能力;③增强的全局搜索过程提高了算法跳出局部极小的能力;④基于 IG 的局部搜索过程进一步提高了算法局部搜索的能力。

表 6-9 GA、TS、HDABC 的 RPI 比较

算例	GA	TS	HDABC
Case1	4.56	2.67	0.00
Case2	2.54	0.38	0.00
Case3	3.30	2.08	0.00

续表

算例	GA	TS	HDABC
Case4	7.45	4.69	0.00
Case5	2.26	4.24	0.00
Case6	1.62	3.15	0.00
Case7	2.38	8.06	0.00
Case8	2.67	10.89	0.00
Case9	1.32	6.63	0.00
Case10	2.30	4.85	0.00
Case11	1.83	9.96	0.00
Case12	4.66	10.34	0.00
Case13	14.03	10.78	0.00
Case14	6.90	9.23	0.00
Case15	3.16	7.17	0.00
平均值	4.06	6.34	0.00

Friedman 测试得到的 p 值是 8.5749×10^{-6}，表明上述算法有显著差异性。上述三种算法，即 GA、TS 和 HDABC 平均耗时分别是：82.42s、79.77s、50.64s。图 6-10(c)给出了三种算法的 Holm 测试结果。由上述比较结果可见，HDABC 算法明显优于 GA 和 TS 两种算法。

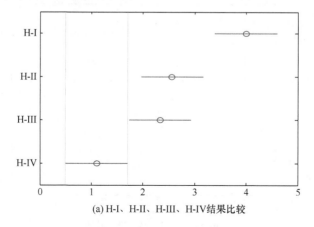

(a) H-I、H-II、H-III、H-IV结果比较

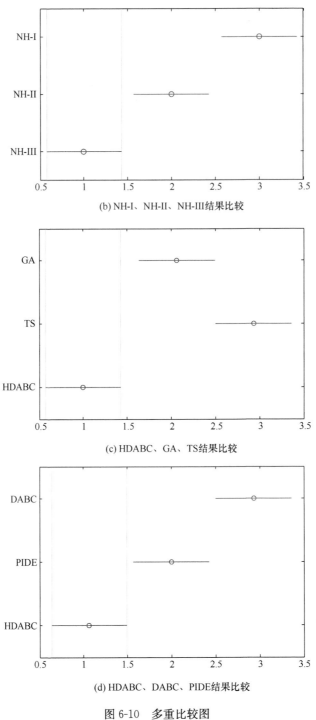

(b) NH-I、NH-II、NH-III结果比较

(c) HDABC、GA、TS结果比较

(d) HDABC、DABC、PIDE结果比较

图 6-10　多重比较图

6.6.8　与其他算法的比较

为验证 HDABC 算法相比其他求解炼钢-连铸问题算法的有效性,本节实现了两种算法,即 DABC 和 PIDE。针对上述两种比较算法,采用相同的前向和后向解码策略。上述三种算法采用相同的解集初始化策略。在相同的硬件环境下运行,所有比较算法针对每个算例独立运行 30 次。采用两种结束条件,即运行时间为 30s 和 100s。运行获得的平均 RPI 值作为比较结果,分别在表 6-10 和表 6-11 给出。其中 100s 运行的结果作为 C_b 用于计算 RPI 值。

表 6-10　30s 的 RPI 比较

算例	规模	DABC	PIDE	HDABC
Case1		27.05	21.74	**0.97**
Case2	20-job	18.28	6.95	**0.00**
Case3		23.14	13.82	**1.17**
Case4		53.93	6.11	**0.00**
Case5	60-job	15.98	5.56	**0.00**
Case6		33.21	**0.26**	9.15
Case7		10.40	6.49	**1.19**
Case8	80-job	6.23	16.98	**0.00**
Case9		19.73	3.80	**0.31**
Case10		28.75	16.79	**0.82**
Case11	100-job	12.44	5.64	**2.22**
Case12		26.84	3.74	**1.13**
Case13		95.23	**2.66**	11.37
Case14	120-job	102.33	34.90	**0.00**
Case15		24.03	24.49	**0.73**
平均值		33.17	11.33	**1.94**

表 6-11　100s 的 RPI 比较

算例	规模	DABC	PIDE	HDABC
Case1		26.00	21.59	**0.00**
Case2	20-job	17.86	6.95	**0.00**
Case3		21.23	12.95	**0.00**

算例	规模	DABC	PIDE	HDABC
Case4		51.77	2.88	**0.00**
Case5	60-job	14.47	4.50	**0.00**
Case6		32.35	0.26	**0.00**
Case7		9.61	6.01	**0.00**
Case8	80-job	5.29	13.75	**0.00**
Case9		18.92	2.68	**0.00**
Case10		25.53	15.66	**0.00**
Case11	100-job	4.94	2.66	**0.00**
Case12		26.53	2.23	**0.00**
Case13		95.06	**0.00**	1.36
Case14	120-job	85.93	32.79	**0.00**
Case15		23.35	22.85	**0.00**
平均值		30.59	9.85	**0.09**

由表 6-10 可见:①结束条件 $t=30$ 下,HDABC 算法获得了 15 个算例中的 13 个较优解,而 PIDE 仅仅获得了其中两个较优解;②平均来看,HDABC 算法获得的 RPI 值是 1.94,明显低于其他两种算法;③比较结果表明,HDABC 算法在运行时间较短的情况下,有明显的优势。图 6-10(d)进一步验证了 HDABC 算法的有效性。

在运行时间为 100s 的情况下,DABC 算法,PIDE 算法和 HDABC 算法收敛平均耗时分别是 37.10s、75.83s 和 50.64s。由表 6-11 可见:①结束条件 $t=100$ 下,HDABC 算法获得了 15 个算例中的 14 个较优解,而 PIDE 仅仅获得了其中一个较优解;②平均来看,HDABC 算法获得的 RPI 值是 0.09,明显低于其他两种算法;③比较结果表明,HDABC 算法在运行时间较长的情况下有明显的优势。

图 6-11 给出了三种比较算法求解不同规模算例的收敛能力。由图可见,HDABC 算法具备良好的收敛能力。

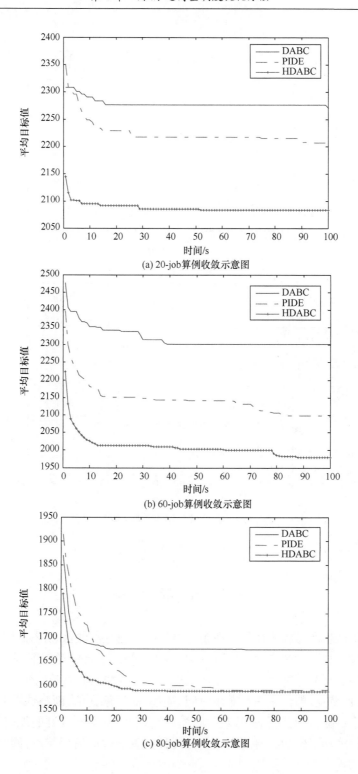

(a) 20-job算例收敛示意图

(b) 60-job算例收敛示意图

(c) 80-job算例收敛示意图

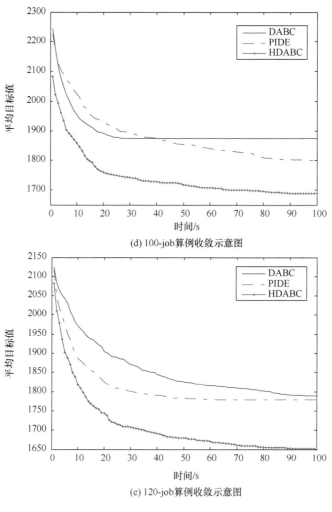

(d) 100-job算例收敛示意图

(e) 120-job算例收敛示意图

图 6-11　收敛曲线图

6.7　本 章 小 结

现实钢铁生产过程中往往存在多种类型的不确定事件,如机器故障、新工件到达、工件取消、加工时间变化、工件可用时间变化等。本章针对炼钢-连铸重调度生产过程开展了研究。综合考虑设备随机故障和工件加工时间随机变化两种突发事件,融合目标特点,即优化平均滞留时间、提前/滞后惩罚值、断浇惩罚和系统不稳定量等五个目标,并对问题进行数学建模;给出了包括适合问题的编码策略、考虑设备随机故障和工件加工时间随机变化两种突发事件的解码策略,同时给出了多种邻域结构和启发式规则;结合宝钢炼钢-连铸重调度生产数据,随机生成多个实用算例;通过算法对比分析,验证了所给出算法的有效性和实用性。

参 考 文 献

[1] Wang L, Zhang L, Zheng D Z. A class of hypothesis-test-based genetic algorithms for flow shop scheduling with stochastic processing time[J]. The International Journal of Advanced Manufacturing Technology, 2005, 25(11-12):1157-1163.

[2] Wang K, Choi S H. A holonic approach to flexible flow shop scheduling under stochastic processing times[J]. Computers & Operations Research, 2014, 43:157-168.

[3] Nilsson J, Bernhardsson B, Wittenmark B. Stochastic analysis and control of real-time systems with random timedelays[J]. Automatica, 1998, 34(1):57-64.

[4] Tang L, Liu W, Liu J. A neural network model and algorithm for the hybrid flow shop scheduling problem in a dynamic environment[J]. Journal of Intelligent Manufacturing, 2005, 16(3):361-370.

[5] Katragjini K, Vallada E, Ruiz R. Flow shop rescheduling under different types of disruption[J]. International Journal of Production Research, 2013, 51(3):780-797.

[6] 轩华,唐立新. 带多处理器任务的动态混合流水车间调度问题[J]. 计算机集成制造系统, 2008, 13(11):2254-2260.

[7] 李铁克,肖拥军,王柏琳,等. 基于局部性修复的 HFS 机器故障重调度[J]. 管理工程学报, 2010, 24(3):45-49.

[8] 杨琴,周国华,林晶晶,等. 基于 DBR 理论的柔性流水车间动态调度[J]. 控制与决策, 2011, 26(7):1109-1112.

[9] Cowling P, Ouelhadj D, Petrovic S. Dynamic scheduling of steel casting and milling using multi-agents [J]. Production Planning and Control, 2004, 15:178-188.

[10] Roy R, Adesola B A, Thornton S. Development of a knowledge model for managing schedule disturbance in steelmaking [J]. International Journal of Production Research, 2004, 42(18):3975-3994.

[11] 郑忠,朱道飞,高小强. 钢厂炼钢-连铸生产调度及重计划方法 [J]. 重庆大学学报, 2008, 31(7):820-824.

[12] 朱道飞,郑忠,高小强. 炼钢-连铸作业计划的遗传算法优化模型[J]. 钢铁, 2008, 43(7):26-31.

[13] 肖拥军,王晶,张文学. 炼钢-连铸混合流水车间重调度研究[J]. 微型计算机信息, 2009, 25(9):12-13.

[14] 王柏琳,李铁克,张春生,等. 基于动态约束满足的考虑连铸机故障的炼钢连铸调度算法[J]. 计算机集成制造系统, 2011, 17(10):2185-2194.

[15] 龙建宇,郑忠,高小强,等. 基于遗传算法的炼钢-连铸重计划方法[J]. 北京科技大学学报, 2014, 36(1):115-122.

[16] Hao J, Liu M, Jiang S, et al. A soft-decision based two-layered scheduling approach for

uncertain steelmaking-continuous casting process[J]. European Journal of Operational Research,2015,244(3):966-979.

[17] 王晶,郑亚楠.考虑机器故障的炼钢连铸重调度模型与算法设计[J].冶金自动化,2015,39(2):28-34.

[18] Tang L,Zhao Y,Liu J. An improved differential evolution algorithm for practical dynamic scheduling in steelmaking-continuous casting production[J]. IEEE Transactions on Evolutionary Computation,2014,18(2):209-225.

[19] Mao K,Pan Q,Pang X,et al. An effective Lagrangian relaxation approach for rescheduling a steelmaking-continuous casting process [J]. Control Engineering Practice,2014,30:67-77.

[20] Mao K,Pan Q,Chai T,Luh P. An effective subgradient method for scheduling a steelmaking-continuous casting process [J]. IEEE Transactions on Automation Science and Engineering,2015,12(3):1-13.

[21] 毛坤.Lagrange 松弛水平优化方法及其在炼钢-连铸生产调度问题中的应用研究[D].沈阳:东北大学,2014.

[22] 庞新富,俞胜平,张志宇,等.炼钢-连铸生产优化重调度方法[J].系统工程学报,2010,25(1):98-105.

[23] 庞新富.炼钢-连铸生产重调度方法及其应用[D].沈阳:东北大学,2011.

[24] 庞新富,俞胜平,罗小川,等.混合 Jobshop 炼钢-连铸重调度方法及其应用[J].系统工程理论与实践,2012,32(4):826-838.

[25] Yu S,Pan Q. A rescheduling method for operation time delay disturbance in steelmaking and continuous casting production process [J]. International Journal of Iron and Steel Research,2012,19:33-41.

[26] Chamnanlor C,Sethanan K,Gen M,et al. Embedding ant system in genetic algorithm for re-entrant hybrid flow shop scheduling problems with time window constraints[J]. Journal of Intelligent Manufacturing,2015:1-17,doi:10.1007/s10845-015-1078-9.

[27] Lee G C,Kim Y D. A branch-and-bound algorithm for a two-stage hybrid flowshop scheduling problem minimizing total tardiness[J]. International Journal of Production Research,2004,42:4731-4743.

[28] Pan Q K,Wang L,Mao K,et al. An effective artificial bee colony algorithm for a real-world hybrid flowshop problem in steelmaking process[J]. IEEE Transactions on Automation Science and Engineering,2013,10(2):307-322.

[29] Allahverdi A,Mittenthal J. Scheduling on a two-machine flowshop subject to random breakdowns with a makespan objective function[J]. European Journal of Operational Research,1995,81(2):376-387.

[30] 潘全科,高亮,李新宇.流水车间调度及其优化算法[M].武汉:华中科技大学出版社,2013.

[31] Rudolph G. Convergence analysis of canonical genetic algorithms[J]. IEEE Transactions on Neural Networks,1994,5(1):96-101.

[32] Conover W J. Practical Nonparametric Statistics[M]. New York:John Wiley&Sons,1980.

［33］Derrac J,García S,Molina D,et al. A practical tutorial on the use of nonparametric statisti-
cal tests as a methodology for comparing evolutionary and swarm intelligence algorithms［J］.
Swarm and Evolutionary Computation,2011,1(1):3-18.

［34］Gerstl E,Mosheiov G. The optimal number of used machines in a two-stage flexible flow-
shop scheduling problem［J］. Journal of Scheduling,2014,17(2):199-210.

［35］Wang X,Tang L. A tabu search heuristic for the hybrid flowshop scheduling with finite in-
termediate buffers［J］. Computers & Operations Research,2009,36(3):907-918.

第7章 工业应用实例分析

上述几章结合钢铁生产过程中的 HFS 问题进行了系统研究。本章针对所提出的优化算法在工业应用实例中的效果进行分析。根据国内某大型钢铁企业中的炼铁、炼钢-连铸、热轧等生产过程产生的数据，采用所提出的 ABC 算法进行求解，测试结果表明了所提算法的有效性。

7.1 铁水运输 HFS 问题实例分析

国内某大型钢铁企业的炼铁厂具有 4 座高炉，即 1♯BF、2♯BF、3♯BF、4♯BF。该钢铁企业的两个炼钢厂各具有一个铁水预处理站，即一炼钢厂铁水预处理站和二炼钢厂铁水预处理站，这两个铁水预处理站所具备的铁水预处理设备情况如表 7-1 所示。铁钢对应计划如表 7-2 所示。各 TPC 罐次在各个加工阶段的加工时间如表 7-3 所示。

表 7-1 炼钢厂设备表

炼钢厂	前扒渣阶段	脱硫/脱磷阶段	后扒渣阶段	倒罐阶段
一炼钢厂设备	1♯PR40	1♯SP41 1♯SP42	—	1♯RL43
二炼钢厂设备	2♯SP50	2♯SP51 2♯SP52 2♯SPt5	2♯PO57 2♯POb5	2♯RL53 2♯RL54 2♯RL55 2♯RL56
设备数合计	2	5	2	5

表 7-2 铁钢对应计划表

TPC罐次号	成分类型号	装载铁水质量/t	受铁开始时间	目标倒罐时间
100011	1	270	08:47	14:00
200011	1	270	08:55	13:00
300011	1	270	09:06	13:30
400011	1	270	09:13	17:50
100012	1	270	09:27	15:50
200012	1	270	09:35	14:40

TPC罐次号	成分类型号	装载铁水质量/t	受铁开始时间	目标倒罐时间
300012	1	270	09:46	16:40
400012	1	270	09:53	15:10
100013	1	270	10:07	18:20
200013	1	270	10:15	19:10
300013	1	270	10:26	22:20
400013	1	270	10:33	16:10
100021	1	270	10:47	22:50
200021	1	270	10:55	17:20
300021	1	270	11:06	20:40
400021	1	270	11:13	23:20
100022	1	270	11:27	21:10
200022	1	270	11:35	19:30
300022	1	270	11:46	20:10
400022	1	270	11:53	21:50
100023	1	270	12:07	20:00
200023	2	270	12:15	21:40
300023	3	270	12:26	21:40
400023	1	270	12:33	20:30
100031	1	270	12:47	21:35
200031	3	270	12:55	20:25
300031	3	270	13:06	19:50
400031	1	270	13:13	21:00
100032	1	270	13:27	19:50
200032	4	270	13:35	21:00
300032	3	270	13:46	23:00
400032	1	270	13:53	21:00
100033	1	270	14:07	22:25
200033	2	270	14:15	21:00
300033	3	270	14:26	21:30
400033	1	270	14:33	20:30
100034	1	270	14:40	22:20
200034	2	270	14:50	22:10
300034	2	270	14:55	20:20
400034	1	270	15:05	22:10

表 7-3　TPC 罐次加工时间表

TPC 罐次号	高炉出铁 /min	前扒渣处理 /min	脱硫或脱磷处理 /min	后扒渣处理 /min	铁水倒罐 /min
100011	35	35	33	34	30
200011	31	31	34	31	33
300011	33	32	35	34	34
400011	32	30	35	35	33
100012	31	35	30	33	31
200012	32	35	31	31	34
300012	32	31	30	32	33
400012	34	33	35	34	33
100013	35	30	33	34	34
200013	30	30	34	34	34
300013	31	34	30	34	33
400013	31	33	35	32	30
100021	35	33	35	34	35
200021	32	35	32	35	34
300021	32	35	35	33	31
400021	33	30	30	33	35
100022	30	33	35	32	35
200022	32	31	32	31	35
300022	34	35	30	34	31
400022	32	31	33	35	33
100023	34	30	32	34	34
200023	36	39	36	39	39
300023	39	39	36	38	38
400023	30	30	30	34	31
100031	31	34	34	34	30
200031	40	38	39	37	36
300031	35	35	40	37	36
400031	34	33	31	31	35
100032	31	34	35	33	34
200032	41	40	40	41	44
300032	36	37	37	39	37

续表

TPC 罐次号	高炉出铁 /min	前扒渣处理 /min	脱硫或脱磷处理 /min	后扒渣处理 /min	铁水倒罐 /min
400032	32	33	35	34	35
100033	34	33	33	30	34
200033	40	36	38	37	40
300033	35	35	38	40	39
400033	35	35	31	30	30
100034	34	35	31	33	34
200034	35	40	37	37	35
300034	37	40	38	36	39
400034	35	35	31	30	35

　　针对上述铁水运输调度问题,采用所提出的 DABC 算法求解,得到的最优调度方案如表 7-4 所示,对应的甘特图如图 7-1 所示。表 7-4 中给出了每个 TPC 罐次在每个加工阶段的开始时间和结束时间。表中"—"表示对应的 TCP 罐次跳过了相应的加工阶段。

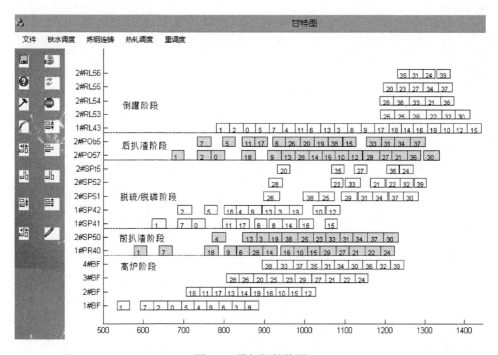

图 7-1　最好解甘特图

表 7-4　铁水调度计划表

TPC 罐次号	高炉受铁			前扒渣			脱硫(脱磷)			后扒渣			倒罐		
	开始时间	结束时间	处理设备	开始时间	结束时间	处理设备	开始时间	结束时间	处理设备	开始时间	结束时间	处理设备	开始时间	结束时间	处理设备
100011	11:00	11:35	1#BF	—	—		12:00	12:33	41	12:48	13:22	57	14:08	14:38	RL43
200011	8:55	9:26	1#BF	9:38	10:09	40	10:22	10:56	41	11:10	11:41	57	13:01	13:34	RL43
300011	10:27	11:00	1#BF	—	—		11:25	12:00	42	12:14	12:48	57	13:34	14:08	RL43
400011	13:40	14:12	1#BF	14:42	15:12	50	15:27	16:02	42	—	—	b5	17:53	18:26	RL43
100012	12:07	12:38	1#BF	12:50	13:25	50	13:50	14:20	42	—	—	b5	15:45	16:16	RL43
200012	11:35	12:07	1#BF	—	—		12:32	13:03	42	13:17	13:48	b5	14:38	15:12	RL43
300012	13:08	13:40	1#BF	13:52	14:23	40	14:36	15:06	41	15:20	15:52	57	16:46	17:19	RL43
400012	9:53	10:27	1#BF	10:39	11:12	40	11:25	12:00	41	12:14	12:48	b5	15:12	15:45	RL43
100013	14:12	14:47	1#BF	—	—		15:12	15:45	41	—	—		18:26	19:00	RL43
200013	12:38	13:08	1#BF	13:20	13:50	40	14:20	14:54	42	15:08	15:42	57	19:00	19:34	RL43
300013	15:29	16:00	2#BF	16:14	16:48	40	17:01	17:31	42	17:55	18:29	57	22:19	22:52	RL43
400013	12:20	12:51	2#BF	—	—		13:16	13:51	41	14:05	14:37	b5	16:16	16:46	RL43
100021	16:33	17:08	2#BF	—	—		17:33	18:08	42	18:29	19:03	57	22:52	23:27	RL43
200021	13:23	13:55	2#BF	14:07	14:42	50	14:55	15:27	42	15:42	16:17	57	17:19	17:53	RL43
300021	13:55	14:27	2#BF	14:57	15:32	40	15:45	16:20	41	16:50	17:23	57	20:40	21:11	RL43
400021	16:00	16:33	2#BF	16:48	17:18	40	17:31	18:01	41	18:15	18:48	b5	23:27	24:02	RL43
100022	14:59	15:29	2#BF	15:41	16:14	40	16:27	17:02	41	17:23	17:55	57	21:11	21:46	RL43
200022	12:51	13:23	2#BF	—	—		13:51	14:23	41	14:37	15:08	b5	19:34	20:09	RL43
300022	11:46	12:20	2#BF	12:32	13:07	40	13:20	13:50	42	14:04	14:38	57	20:09	20:40	RL43
400022	14:27	14:59	2#BF	15:12	15:43	50	16:02	16:35	42	17:03	17:38	b5	21:46	22:19	RL43

续表

TPC 罐次号	高炉受铁			前扒渣			脱硫(脱磷)			后扒渣			倒罐		
	开始时间	结束时间	处理设备	开始时间	结束时间	处理设备	开始时间	结束时间	处理设备	开始时间	结束时间	处理设备	开始时间	结束时间	处理设备
100023	14:33	15:07	3#BF	—	—		15:32	16:04	t5	16:29	17:03	b5	19:55	20:29	RL55
200023	17:32	18:08	3#BF	18:31	19:10	40	19:23	19:59	52	20:17	20:56	57	21:40	22:19	RL54
300023	18:08	18:47	3#BF	19:10	19:49	40	20:02	20:38	52	—	—		21:44	22:22	RL53
400023	15:47	16:17	3#BF	17:02	17:32	50	17:45	18:15	52	—	—		20:29	21:00	RL55
100031	18:47	19:18	3#BF	19:49	20:23	40	20:36	21:10	t5	—	—		21:35	22:05	RL56
200031	15:07	15:47	3#BF	16:24	17:02	50	17:15	17:54	51	15:52	16:29	b5	20:24	21:00	RL53
300031	13:58	14:33	3#BF	—	—		14:58	15:38	51	19:46	20:17	57	19:48	20:24	RL53
400031	16:58	17:32	3#BF	17:58	18:31	40	18:44	19:15	t5	16:17	16:50	57	21:00	21:35	RL55
100032	13:27	13:58	3#BF	14:23	14:57	40	15:10	15:45	52	19:05	19:46	57	19:47	20:21	RL54
200032	16:17	16:58	3#BF	17:18	17:58	40	18:11	18:51	51	21:37	22:16	57	21:00	21:44	RL53
300032	18:29	19:05	4#BF	19:56	20:33	50	20:46	21:23	51	19:50	20:24	b5	22:56	23:33	RL53
400032	17:22	17:54	4#BF	18:08	18:41	50	18:54	19:29	51	—	—		21:00	21:35	RL56
100033	19:39	20:13	4#BF	—	—		20:38	21:11	52	19:13	19:50	b5	22:22	22:56	RL53
200033	15:32	16:12	4#BF	17:32	18:08	50	18:21	18:59	52	20:24	21:04	b5	21:00	21:40	RL54
300033	17:54	18:29	4#BF	18:41	19:16	50	19:29	20:07	51	—	—		21:35	22:14	RL55
400033	16:47	17:22	4#BF	—	—		17:47	18:18	t5	20:56	21:29	57	20:30	21:00	RL56
100034	19:05	19:39	4#BF	19:16	19:56	50	20:04	20:35	t5	21:04	21:41	b5	22:19	22:53	RL54
200034	16:12	16:47	4#BF	15:44	16:24	50	20:09	20:46	51	17:38	18:14	b5	22:14	22:49	RL55
300034	14:55	15:32	4#BF	—	—		16:37	17:15	51	—	—		20:21	21:00	RL54
400034	20:13	20:48	4#BF	—	—		21:13	21:44	52	—	—		22:09	22:44	RL56

与文献[1]中的铁水静态调度方法和现场调度员人工进行铁水调度的结果进行指标的计算与对比,如表 7-5 所示。表 7-5 中统计结果的各项指标包括:每个 TPC 罐次的平均滞留时间、前扒渣/后扒渣设备空闲率、提前/滞后时间及编制时间。

表 7-5　DABC 与其他方法结果的比较

方法	平均滞留 时间/min	前扒渣/后扒渣 设备空闲率/%	提前/滞后 时间/min	编制时间/s
DABC	253.82	28.75	109	1.2
铁水静态调度方法	270.15	42.50	1502	4.5
人工编制方法	274.50	52.50	1938	1080

由表 7-5 中的统计指标结果可以看出,DABC 算法在各项指标上都要优于文献[1]的方法和人工调度方法:①采用 DABC 算法的编制时间为 1.2s,满足现场调度对于各种计划表编制时间在 10s 以内的要求,且明显优于其他两种算法;②对于平均滞留时间指标,DABC 算法得到的结果相对其他两种算法分别降低了 6.04% 和 7.53%;③对于前扒渣/后扒渣设备空闲率指标,DABC 算法得到的结果相对其他两种算法分别降低了 32.35% 和 45.24%;④由提前/滞后时间指标比较结果可见,DABC 算法明显优于其他两种比较方法。由上述指标对比可见,DABC 算法在求解质量和时间上,都表现了良好的性能。

7.2　炼钢-连铸 HFS 问题实例分析

国内某炼钢厂拥有 250t 转炉三座、精炼炉 RH-KTB 两台、精炼炉 IR-UT 一台、精炼炉 LF 一台、1450 立弯式板坯连铸机一台及 1750 立弯式板坯连铸机一台,可生产 IF 钢、管线钢、05 板、镀锡板及电工钢等高难度、高附加值在内的 300 多种牌号的产品[2]。表 7-6 给出了炼钢厂各加工阶段设备配置情况。

表 7-6　炼钢厂设备表

炼钢厂	转炉阶段	第一重精炼阶段	第二重精炼阶段	连铸阶段
设备	1#250t 转炉 2#250t 转炉 3#250t 转炉	1#RH-KTB 2#RH-KTB	1#IR-UT 2#LF	1#1450 2#1750
设备数合计	3	2	2	2

炼钢厂某日某段时间内炼钢连铸实际生产数据如下:①两台连铸机分别可加工 2 个浇次,该生产期间内共加工 4 个浇次;②每个浇次分别连续加工 5 个炉次,该生产期间内共加工 20 个炉次;③炉次在每个加工阶段其加工时间如表 7-7 所

示。表 7-8 给出了采用 IDABC 算法获得最优解的调度时刻表,图 7-2 给出了该解的甘特图。

表 7-7 炉次加工时间表

炉次	转炉/min	RH 精炼/min	LF 精炼/min	连铸/min	预定连铸时间
1	37	41	36	38	2:30
2	48	37	38	42	3:10
3	49	44	44	43	3:50
4	40	38	37	39	4:40
5	45	40	45	41	5:10
6	45	50	42	42	7:40
7	40	42	39	43	8:20
8	40	43	37	39	9:00
9	48	49	39	44	9:40
10	48	38	36	47	10:20
11	44	38	50	50	5:00
12	37	50	38	44	6:00
13	49	39	36	45	6:40
14	47	45	36	50	7:25
15	38	47	40	47	8:15
16	38	46	44	48	10:40
17	38	48	43	47	11:30
18	49	40	43	43	12:20
19	41	40	50	36	13:00
20	39	41	40	40	13:40

表 7-8 IDABC 方法调度时刻表

炉次	转炉阶段			第一重精炼阶段			第二重精炼阶段			连铸阶段		
	开始时间	结束时间	设备	开始时间	结束时间	设备	开始时间	结束时间	设备	开始时间	结束时间	设备
1	0:00	0:37	1#250t	0:52	1:33	1#RH	1:43	2:19	1#IR	2:33	3:11	1#1450
2	0:01	0:49	2#250t	1:04	1:41	2#RH	1:57	2:35	2#LF	3:11	3:53	1#1450
3	0:37	1:26	1#250t	1:41	2:25	2#RH	2:35	3:19	2#LF	3:53	4:36	1#1450
4	2:02	2:42	3#250t	2:57	3:35	1#RH	3:45	4:22	1#IR	4:36	5:15	1#1450
5	1:29	2:14	2#250t	2:29	3:09	2#RH	3:19	4:04	2#LF	5:15	5:56	1#1450

续表

炉次	转炉阶段			第一重精炼阶段			第二重精炼阶段			连铸阶段		
	开始时间	结束时间	设备	开始时间	结束时间	设备	开始时间	结束时间	设备	开始时间	结束时间	设备
6	4:40	5:25	3#250t	5:40	6:30	2#RH	6:40	7:22	2#LF	7:36	8:18	1#1450
7	5:38	6:18	2#250t	6:33	7:15	2#RH	7:25	8:04	2#LF	8:18	9:01	1#1450
8	6:22	7:02	1#250t	7:17	8:00	1#RH	8:10	8:47	1#IR	9:01	9:40	1#1450
9	6:45	7:33	3#250t	7:48	8:37	2#RH	8:47	9:26	2#LF	9:40	10:24	1#1450
10	7:43	8:31	2#250t	8:46	9:24	1#RH	9:34	10:10	1#IR	10:24	11:11	1#1450
11	2:17	3:01	1#250t	3:16	3:54	2#RH	4:04	4:54	2#LF	5:08	5:58	2#1750
12	3:14	3:51	3#250t	4:06	4:56	1#RH	5:06	5:44	1#IR	5:58	6:42	2#1750
13	3:51	4:40	3#250t	5:02	5:41	1#RH	5:52	6:28	1#IR	6:42	7:27	2#1750
14	4:39	5:26	2#250t	5:41	6:26	1#RH	6:37	7:13	1#IR	7:27	8:17	2#1750
15	5:33	6:11	1#250t	6:26	7:13	1#RH	7:23	8:03	1#IR	8:17	9:04	2#1750
16	7:57	8:35	1#250t	8:50	9:36	2#RH	9:46	10:30	2#LF	10:44	11:32	2#1750
17	8:44	9:22	3#250t	9:37	10:25	1#RH	10:35	11:18	1#IR	11:32	12:19	2#1750
18	9:28	10:17	2#250t	10:32	11:12	2#RH	11:22	12:05	2#LF	12:19	13:02	2#1750
19	10:12	10:53	1#250t	11:08	11:48	1#RH	11:58	12:48	1#IR	13:02	13:38	2#1750
20	10:59	11:38	3#250t	11:53	12:34	2#RH	12:44	13:24	2#LF	13:38	14:18	2#1750

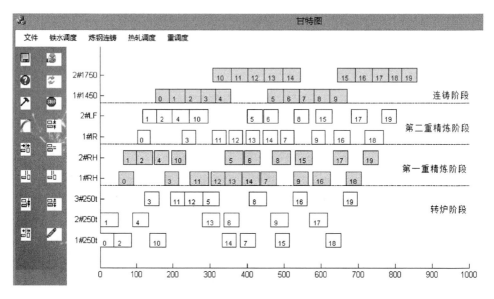

图 7-2　最好解甘特图

采用文献[2]中的方法所得的调度方案如表 7-9 所示。与文献[284]中的方法进行指标对比,结果如表 7-10 所示。表 7-10 中统计结果的各项指标包括:平均滞留时间、提前/滞后时间总和及编制时间。

表 7-9　文献[2]方法调度时刻表

炉次	转炉阶段		第一重精炼阶段		第二重精炼阶段		连铸阶段	
	开始时间	结束时间	开始时间	结束时间	开始时间	结束时间	开始时间	结束时间
1	0:00	0:37	0:52	1:33	1:50	2:26	2:42	3:20
2	0:30	1:18	1:33	2:10	2:26	3:04	3:20	4:02
3	1:06	1:55	2:10	2:54	3:04	3:48	4:02	4:45
4	2:02	2:42	2:57	3:35	3:48	4:25	4:45	5:24
5	2:35	3:20	3:35	4:15	4:25	5:10	5:24	6:05
6	4:49	5:34	5:49	6:39	6:49	7:31	7:45	8:27
7	5:47	6:27	6:42	7:24	7:34	8:13	8:27	9:10
8	6:31	7:11	7:26	8:09	8:19	8:56	9:10	9:49
9	6:54	7:42	7:57	8:46	8:56	9:35	9:49	10:33
10	7:52	8:40	8:55	9:33	9:43	10:19	10:33	11:20
11	0:00	0:44	0:59	1:37	1:47	2:37	2:51	3:41
12	0:57	1:34	1:49	2:39	2:49	3:27	3:41	4:25
13	1:41	2:30	2:45	3:24	3:35	4:11	4:25	5:10
14	2:22	3:09	3:24	4:09	4:20	4:56	5:10	6:00
15	3:16	3:54	4:09	4:56	5:06	5:46	6:00	6:47
16	5:30	6:08	6:23	7:09	7:29	8:13	8:27	9:15
17	6:16	6:54	7:09	7:57	8:13	8:56	9:15	10:02
18	7:06	7:55	8:10	8:50	9:00	9:43	10:02	10:45
19	7:55	8:36	8:51	9:31	9:41	10:31	10:45	11:21
20	8:42	9:21	9:36	10:17	10:27	11:07	11:21	12:01

表 7-10　IDABC 与其他方法结果的比较

方法	平均滞留时间/min	提前/滞后总和/min	编制时间/s
IDABC	128.15	54	0.8
文献[2]方法	129.35	573	10.5

由表 7-10 中的统计指标结果可以看出,IDABC 算法在各项指标上都要优于文献[2]的方法:①采用 IDABC 算法的编制时间为 0.8s,满足现场调度对于各种计划表编制时间在 10s 以内的要求,且明显优于文献[2]方法;②对于平均滞留时

间指标,IDABC 算法得到的结果相对文献[2]的方法降低了 0.93%;③对于提前/滞后时间总和,IDABC 算法得到的结果相对文献[2]的方法降低了 90.6%。由上述指标对比可见,IDABC 算法在求解质量和时间上,都表现了良好的性能。

7.3　热轧过程 HFS 问题实例分析

选取国内某大型钢铁企业的某个时间段的实际生产数据[3]。一个浇次有 12 炉钢水,经过炼钢、精炼、连铸和热轧四道工序,每道工序分别有 3/3/2/2 台并行设备,设备配置如表 7-11 所示。钢水在每道工序上的加工时间如表 7-12 所示。

表 7-11　炼钢厂设备表

炼钢厂	转炉阶段	精炼阶段	连铸阶段	热轧阶段
设备	1#CF 2#CF 3#CF	1#RF 2#RF 3#RF	1#CC 2#CC	1#HR 2#HR
设备数合计	3	2	2	2

表 7-12　加工时间表

阶段	设备	钢包/min											
		1	2	3	4	5	6	7	8	9	10	11	12
炼钢	1	45	45	50	50	45	45	47	50	48	45	46	48
	2	48	50	45	48	46	45	50	45	46	47	50	50
	3	50	45	46	48	48	45	47	48	46	47	45	47
精炼	1	35	35	35	34	30	30	31	32	33	33	34	35
	2	35	36	36	38	35	35	30	30	34	33	30	31
	3	30	35	36	35	50	50	35	34	30	35	30	35
连铸	1	30	35	31	32	34	33	35	34	34	35	30	32
	2	35	34	34	34	32	32	34	30	34	35	34	30
热轧	1	25	25	30	27	28	30	29	24	25	32	31	25
	2	26	30	31	31	31	26	25	27	25	26	25	30

采用本书给出的 TABC 算法,获得最好解的调度时间如表 7-13 所示。表 7-13 给出了每个钢包在每个加工阶段选择的设备编号、开始时间及结束时间。最好解对应的甘特图如图 7-3 所示。图中,每个钢包用一个方框表示,方框内的数字表示钢包编号。由图可见,TABC 算法求解的最优调度方案中,所有钢包实现了无等待加工过程,即每个钢包在各个加工阶段之间无需增加额外等待时间。这样,对于生产周期的稳定起到了重要的作用,使得轧制生产过程可以平稳进行。

表 7-13　调度时间表

钢包	炼钢			精炼			连铸			热轧		
	开始时间	结束时间	设备	开始时间	结束时间	设备	开始时间	结束时间	设备	开始时间	结束时间	设备
1	0:00	0:50	3♯CF	0:50	1:20	3♯RF	1:53	2:23	1♯CC	2:23	2:48	1♯HR
2	1:33	2:18	1♯CF	2:18	2:53	1♯RF	2:53	3:28	1♯CC	3:28	3:53	1♯HR
3	0:00	0:45	2♯CF	0:45	1:21	2♯RF	1:21	1:55	2♯CC	1:55	2:26	2♯HR
4	2:40	3:28	3♯CF	3:28	4:03	3♯RF	4:10	4:42	1♯CC	4:42	5:09	1♯HR
5	2:15	3:01	2♯CF	3:01	3:36	2♯RF	3:36	4:10	1♯CC	4:10	4:38	1♯HR
6	0:45	1:30	2♯CF	1:30	2:00	1♯RF	2:00	2:32	2♯CC	2:32	2:58	2♯HR
7	0:00	0:47	1♯CF	0:47	1:18	1♯RF	1:18	1:53	1♯CC	1:53	2:22	1♯HR
8	1:30	2:15	2♯CF	2:15	2:45	2♯RF	2:45	3:15	2♯CC	3:15	3:42	2♯HR
9	3:01	3:47	2♯CF	3:47	4:20	1♯RF	4:20	4:50	2♯CC	4:50	5:15	2♯HR
10	2:18	3:03	1♯CF	3:03	3:36	1♯RF	3:45	4:19	2♯CC	4:19	4:45	2♯HR
11	0:47	1:33	1♯CF	1:33	2:23	3♯RF	2:23	2:53	1♯CC	2:53	3:24	1♯HR
12	1:53	2:40	3♯CF	2:40	3:15	3♯RF	3:15	3:45	2♯CC	3:45	4:15	2♯HR

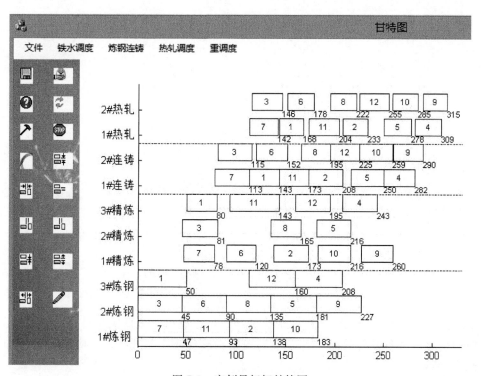

图 7-3　实例最好解甘特图

　　文献[3]中的方法所得的调度方案最大完工时间是347min,算法耗时70s。本书提出的TABC算法求解该实际问题,获得的最好解的最大完工时间是315min,算法耗时2.5s,满足现场调度对于各种计划表编制时间在10s以内的要求,且明显优于文献[3]方法。

　　对于平均滞留时间指标,TABC算法得到的结果如表7-14所示。由表可见,TABC算法获得的最好调度方案中,钢包平均滞留时间为70.67min,明显好于文献[3]方法得到的结果,后者平均滞留时间为85.18min。由上述指标对比可见,TABC算法在求解质量和时间上,都表现了良好的性能。

表 7-14　钢包滞留时间表

钢包	转炉结束时间	轧制开始时间	滞留时间/min
1	0:50	2:23	93
2	2:18	3:28	70
3	0:45	1:55	70
4	3:28	4:42	74
5	3:01	4:10	69
6	1:30	2:32	62
7	0:47	1:53	66
8	2:15	3:15	60
9	3:47	4:50	63
10	3:03	4:19	76
11	1:33	2:53	80
12	2:40	3:45	65
总滞留时间			848
平均滞留时间			70.67

7.4　炼钢-连铸重调度实例分析

　　选取与6.2节相同的某钢铁企业生产数据。随机产生两类事件,即工件加工时间变化事件和设备故障事件。现场初始调度如表7-15所示,对应的甘特图如图7-4所示。

表 7-15　初始调度时刻表

炉次	转炉阶段			第一重精炼阶段			第二重精炼阶段			连铸阶段		
	开始时间	结束时间	设备	开始时间	结束时间	设备	开始时间	结束时间	设备	开始时间	结束时间	设备
1	0:00	0:37	0	0:52	1:33	0	1:50	2:26	0	2:42	3:20	0
2	0:30	1:18	2	1:33	2:10	0	2:26	3:04	0	3:20	4:02	0
3	1:06	1:55	1	2:10	2:54	0	3:04	3:48	0	4:02	4:45	0
4	2:02	2:42	0	2:57	3:35	0	3:48	4:25	0	4:45	5:24	0
5	2:35	3:20	2	3:35	4:15	0	4:25	5:10	0	5:24	6:05	0
6	4:49	5:34	1	5:49	6:39	0	6:49	7:31	0	7:45	8:27	0
7	5:47	6:27	0	6:42	7:24	0	7:34	8:13	0	8:27	9:10	0
8	6:31	7:11	1	7:26	8:09	0	8:19	8:56	0	9:10	9:49	0
9	6:54	7:42	0	7:57	8:46	1	8:56	9:35	1	9:49	10:33	0
10	7:52	8:40	0	8:55	9:33	0	9:43	10:19	0	10:33	11:20	0
11	0:00	0:44	1	0:59	1:37	1	1:47	2:37	1	2:51	3:41	1
12	0:57	1:34	0	1:49	2:39	1	2:49	3:27	1	3:41	4:25	1
13	1:41	2:30	2	2:45	3:24	1	3:35	4:11	1	4:25	5:10	1
14	2:22	3:09	1	3:24	4:09	1	4:20	4:56	1	5:10	6:00	1
15	3:16	3:54	0	4:09	4:56	1	5:06	5:46	1	6:00	6:47	1
16	5:30	6:08	2	6:23	7:09	1	7:29	8:13	1	8:27	9:15	1
17	6:16	6:54	2	7:09	7:57	1	8:13	8:56	1	9:15	10:02	1
18	7:06	7:55	2	8:10	8:50	0	9:00	9:43	0	10:02	10:45	1
19	7:55	8:36	1	8:51	9:31	1	9:41	10:31	1	10:45	11:21	1
20	8:42	9:21	1	9:36	10:17	1	10:27	11:07	0	11:21	12:01	1

1) 工件加工时间变化事件

考虑在转炉加工阶段,炉次 2 的加工时间发生变化。突发事件发生后,启动本书采用的 HDABC 算法。求解后获得的重调度时刻表如表 7-16 所示,对应的甘特图如图 7-5 所示。由图 7-5 和表 7-16 可见,重调度后得到的调度方案其最大完工时间与原调度相同,验证了算法求解重调度问题的稳定性。

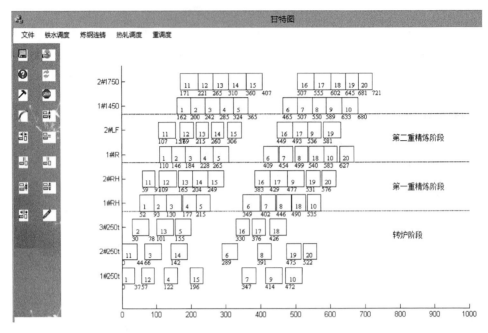

图 7-4　初始调度甘特图

表 7-16　加工时间变化重调度时刻表

炉次	转炉阶段			第一重精炼阶段			第二重精炼阶段			连铸阶段		
	开始时间	结束时间	设备	开始时间	结束时间	设备	开始时间	结束时间	设备	开始时间	结束时间	设备
1	0:00	0:37	0	0:52	1:28	1	1:51	2:23	1	2:37	3:11	0
2	0:30	1:18	2	1:33	2:06	0	2:21	2:55	0	3:11	3:48	0
3	1:07	1:51	1	2:06	2:45	0	2:55	3:34	0	3:48	4:26	0
4	1:56	2:32	0	2:47	3:21	0	3:34	4:07	0	4:26	5:01	0
5	1:52	2:32	2	3:21	3:57	0	4:07	4:47	0	5:01	5:37	0
6	4:36	5:16	1	5:31	6:16	0	6:26	7:03	0	7:17	7:54	0
7	5:27	6:03	0	6:18	6:55	0	7:05	7:40	0	7:54	8:32	0
8	6:06	6:42	1	6:57	7:35	0	7:45	8:18	0	8:32	9:07	0
9	1:13	1:56	0	2:47	3:31	1	3:42	4:17	1	9:07	9:46	0
10	7:18	8:01	0	8:16	8:50	0	9:00	9:32	0	9:46	10:28	0
11	0:00	0:44	1	1:28	2:02	1	2:23	3:08	1	3:39	4:24	1
12	0:40	1:13	0	2:02	2:47	1	3:08	3:42	1	4:24	5:03	1
13	2:32	3:16	2	3:31	4:06	1	4:17	4:49	1	5:03	5:43	1

续表

炉次	转炉阶段			第一重精炼阶段			第二重精炼阶段			连铸阶段		
	开始时间	结束时间	设备	开始时间	结束时间	设备	开始时间	结束时间	设备	开始时间	结束时间	设备
14	3:09	3:51	1	4:06	4:46	1	4:57	5:29	1	5:43	6:28	1
15	3:57	4:31	0	4:46	5:28	1	5:38	6:14	0	6:28	7:10	1
16	5:41	6:15	2	7:06	7:47	1	7:57	8:36	1	8:50	9:33	1
17	6:59	7:33	2	7:48	8:31	1	8:41	9:19	1	9:33	10:15	1
18	6:15	6:59	2	7:36	8:12	0	8:22	9:00	0	10:15	10:53	1
19	8:17	8:53	1	9:08	9:44	1	9:54	10:39	1	10:53	11:25	1
20	8:59	9:34	1	9:49	10:25	1	10:35	11:11	0	11:25	12:01	1

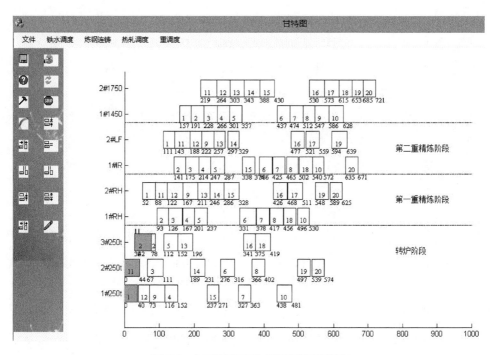

图 7-5　加工时间变化后重调度甘特图

2）设备故障事件

考虑在转炉加工阶段，3♯转炉在时间段[33,41]内发生故障。设备故障发生时，2号炉次正在3♯转炉上加工。受到设备故障影响，2号炉次当前工序以及后续所有工序将被取消。突发事件发生后，启动本书采用的 HDABC 算法。求解后获得的重调度时刻表如表 7-17 所示,对应的甘特图如图 7-6 所示。由图 7-6 和表 7-17 可见:重调度后得到的调度方案其最大完工时间为 685min,小于原调度的 721min;2 号炉次被取消后,连铸加工阶段没有出现断浇的现象,从而保证了连铸机的正常运转;与原调度的对比结果验证了算法求解重调度问题的有效性和稳定性。

表 7-17　设备故障重调度时刻表

炉次	转炉阶段			第一重精炼阶段			第二重精炼阶段			连铸阶段		
	开始时间	结束时间	设备	开始时间	结束时间	设备	开始时间	结束时间	设备	开始时间	结束时间	设备
1	0:00	0:37	0	1:30	2:06	0	2:28	3:00	0	3:14	3:48	0
2	—			—			—			—		
3	1:07	1:51	1	2:06	2:45	0	2:55	3:34	1	3:48	4:26	0
4	1:56	2:32	0	2:47	3:21	0	3:34	4:07	1	4:26	5:01	0
5	2:26	3:06	2	3:21	3:57	0	4:07	4:47	1	5:01	5:37	0
6	4:36	5:16	1	5:31	6:16	0	6:26	7:03	0	7:17	7:54	0
7	5:27	6:03	0	6:18	6:55	0	7:05	7:40	0	7:54	8:32	0
8	6:06	6:42	1	6:57	7:35	0	7:45	8:18	0	8:32	9:07	0
9	4:44	5:27	0	5:44	6:28	1	6:46	7:21	1	9:07	9:46	0
10	7:18	8:01	0	8:16	8:50	0	9:00	9:32	0	9:46	10:28	0
11	0:00	0:44	1	0:59	1:33	1	1:43	2:28	0	3:03	3:48	1
12	1:17	1:50	0	2:05	2:50	1	3:00	3:34	0	3:48	4:27	1
13	1:42	2:26	2	2:55	3:30	1	3:41	4:13	0	4:27	5:07	1
14	2:33	3:15	1	3:30	4:10	1	4:21	4:53	0	5:07	5:52	1
15	3:21	3:55	0	4:10	4:52	1	5:02	5:38	1	5:52	6:34	1
16	5:39	6:13	2	6:28	7:09	1	7:21	8:00	1	8:14	8:57	1
17	6:20	6:54	2	7:09	7:52	1	8:02	8:40	1	8:57	9:39	1
18	6:55	7:39	2	7:54	8:30	1	8:40	9:18	1	9:39	10:17	1
19	7:41	8:17	1	8:32	9:08	1	9:18	10:03	1	10:17	10:49	1
20	8:23	8:58	0	9:13	9:49	1	9:59	10:35	0	10:49	11:25	1

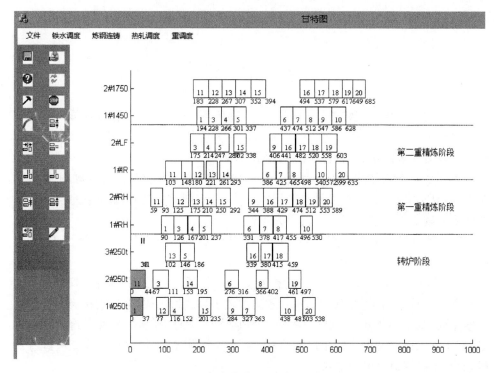

图 7-6 设备故障后重调度甘特图

参 考 文 献

[1] 黄辉. 炼铁-炼钢区间铁水优化调度方法及应用[D]. 沈阳: 东北大学, 2013.
[2] 俞胜平, 柴天佑, 郑秉霖. 炼钢连铸混合智能优化调度方法及应用[J]. 系统工程学报, 2010, (3): 379-386.
[3] 崔建双, 李铁克, 张文新. 混合流水车间调度模型及其遗传算法[J]. 北京科技大学学报, 2005, 27(5): 623-626.

结　束　语

钢铁生产过程中包含炼铁、炼钢-连铸、热轧等三个主要生产过程,每个生产过程包含多个加工阶段,每个加工阶段存在多个并行加工设备。因而,钢铁生产主要过程可以看成多约束、多目标、复杂的 HFS 问题。

本书在前人工作的基础上,分析现有文献研究的不足和存在的问题,主要工作是采用 ABC 算法,并结合多种局部搜索算法,来求解钢铁生产流程中的混合流水线调度问题。本书包括以下主要研究工作。

(1) 针对钢铁生产过程中的静态调度问题,主要研究了铁水运输调度 HFS 问题、炼钢-连铸 HFS 问题和热轧过程 HFS 问题。

① 针对铁水运输调度 HFS 问题,结合问题特征,设计了一种基于双向量结构的动态编码策略和柔性解码策略,有效地增强了算法解码柔性,进而扩展了算法的搜索空间;基于问题知识,设计了一种右移启发式规则,有效地改善了给定调度方案;基于铁水运输调度实际生产数据,构建了多个测试算例,并与经典算法进行比较,验证了所提算法的有效性。

② 针对炼钢-连铸 HFS 问题,结合问题特点、目标特征和约束条件,即连铸约束和设备维修加工约束,对问题进行数学建模;给出了包括适合问题的编码机制、考虑约束的解码策略;结合宝钢炼钢-连铸实际生产数据,随机生成多个实用算例;算法对比分析包括两部分:第一部分为验证求解不含设备维修时间约束的炼钢-连铸调度问题;第二部分进行带设备维修时间约束的实验对比分析。通过上述两部分算法对比分析,验证了所给出算法的有效性和实用性。

③ 针对热轧过程 HFS 问题,结合问题特征,提炼出带有限缓冲区约束的 HFS 问题。采用了基于序列的编码策略,并提出了一种考虑有限缓冲区约束的解码策略。基于热轧过程实际生产数据,构建了多个测试算例。基于实验分析方法和 ANOVA 方法进行参数标定。大量的仿真实验并与经典算法进行比较,验证了所提算法的有效性。

(2) 针对钢铁生产过程中的动态调度问题,主要研究了炼钢-连铸重调度问题。结合问题特点和约束条件,即综合考虑设备随机故障和工件加工时间随机变化两种突发事件,融合目标特点,即优化平均滞留时间、提前/滞后惩罚值、断浇惩罚和系统不稳定量等五个目标,之后对问题进行数学建模;结合炼钢-连铸重调度结构特征和目标特点,给出了包括适合问题的编码策略、考虑设备随机故障和工件加工时间随机变化两种突发事件的解码策略;为了验证所提出的算法的有效性和效率,结合宝钢炼钢-连铸重调度数据,随机生成多个实用算例;通过算法对比分析,验证了所给出算法的有效性和实用性。

(3) 结合钢铁生产调度三个关键加工过程,研究了 ABC 算法的离散化和算法改进。

① 针对 ABC 算法的离散化,结合 ABC 算法的特征和调度问题的结构,研究 ABC 算法的离散化策略,针对雇佣蜂、跟随蜂和侦查蜂,分别给出了改进的离散化操作算子,从而保证改进的 ABC 算法可以直接应用于求解 HFS 离散调度问题。

② 针对 ABC 算法的改进,结合问题结构特点和目标特征,分别设计了不同的改进策略。针对铁水运输调度 HFS 问题,设计了不同的邻域结构,有效地增强了算法全局搜索的能力;加强的局部搜索过程,进一步提高了算法的局部搜索能力。针对炼钢-连铸 HFS 问题,给出了多种邻域结构和自适应邻域选择机制,有效平衡了算法全局和局部搜索能力;针对热轧过程 HFS 问题,提出了一种结合 ABC 和 TS 的混合优化算法框架。结合问题特征,设计了多种邻域结构,给出了基于 TS 的自适应邻域选择机制,并提出了基于 TS 的局部搜索策略,有效改进了算法搜索效率。针对炼钢-连铸重调度问题,设计了一种基于外部存储集的设备选择邻域结构,有效地提高了算法全局搜索的能力;基于 IG 算法的局部搜索过程,进一步增强了算法局部搜索的能力。

虽然本书基于 ABC 算法框架求解钢铁生产三个主要生产调度过程的求解效率和质量较高,但由于上述研究问题本质上是多约束强 NP 难问题,如何进一步提高算法效率和求解质量依然是一个值得深入研究的问题,主要集中在以下几个方面。

(1) 静态调度的算法效率改进研究。针对不同约束的 HFS 问题,充分考虑问题的结构特征和目标特点,进一步设计良好的编码策略和解码策略,以及多种调度目标(如最大完工时间、平均流经时间、在线库存、准时交货率、低碳等),研究不同约束条件下静态 HFS 问题的复杂性、最优解(或 Pareto 非支配解集)的必要条件、最优解的性质、邻域特性以及优化目标的影响等;如何探索基于启发式规则的新型邻域及其性质,研究多种邻域的快速评价方法以及该问题与传统调度问题之间的联系等;利用数学分析和数理统计的方法,根据解的统计相关性和问题特性,并把研究成果进一步拓展到其他生产调度领域。

(2) 动态调度的算法鲁棒性研究。现实钢铁生产过程中往往存在多种类型的不确定事件,如机器故障、新工件到达、工件取消、加工时间变化、工件可用时间变化等。在综合上述突发事件的前提下,考虑如何设计鲁棒性强的算法框架,以保证算法稳定性和解的高效性。基于有效的区间技术、模糊时间技术、随机加工时间策略、重调度策略和其他不确定信息处理技术,研究 HFS 问题的动态调度鲁棒性策略。限于篇幅,本书只针对炼钢-连铸重调度问题展开研究,其他两个生产环节中的重调度问题暂时列入后续研究计划之中。

（3）自适应的 ABC 算法框架设计和研究。针对不同调度问题特点，融合目标特点和问题特征，设计自适应的算法邻域结构和自适应邻域选择机制，根据算法进化的不同程度，选择不同的邻域搜索算子，以保证算法全局搜索和局部搜索的平衡性，在保证算法求解质量的前提下，提升算法求解的多样性，从而确保算法求解方案的有效性；进一步，构建一种以 ABC 算法为框架，融合不同局部搜索机制、启发式规则等，构建一种组件化、自适应能力强、鲁棒性高的算法架构，进而采用上述算法求解其他领域调度问题，形成一种新的高效算法结构，以进一步推动相关算法领域研究的进展。

附录　机组标准测试实例数据

1. 数据设置说明

（1）每一组数据的第一行包含三个数字：第一个数字表示工件数，第二个数字表示机器数，第三个数字表示加工阶段数。

（2）第二行表示每个加工阶段中包含的并行机器数。例如，在 j10c5a2 算例中，第二行表示五个加工阶段中，并行机器数分别是 3 个、3 个、1 个、3 个、3 个，即第三个加工阶段只有一台可用机器。

（3）后面的每一行表示每一个工件在每个加工阶段的加工时间。譬如，在 j10c5a2 算例中，第三行表示第 1 个工件的加工时间，"0 7"表示该工件在第一个加工阶段的加工时间是 7s，"1 3"表示该工件在第二个加工阶段的加工时间是 3s，以此类推。

2. 问题算例

1）j10c5a2
10 13 5
3 3 1 3 3
0 7 1 3 2 3 3 3 4 12
0 3 1 13 2 15 3 8 4 10
0 13 1 6 2 3 3 6 4 11
0 6 1 4 2 8 3 13 4 3
0 7 1 6 2 5 3 12 4 11
0 4 1 9 2 11 3 11 4 15
0 8 1 7 2 4 3 14 4 9
0 15 1 9 2 13 3 5 4 3
0 15 1 5 2 3 3 10 4 8
0 10 1 8 2 5 3 14 4 11
2）j10c5a3
10 13 5
3 3 1 3 3
0 9 1 7 2 8 3 14 4 7

0 14 1 3 2 6 3 5 4 14

0 10 1 5 2 9 3 14 4 13

0 7 1 7 2 14 3 8 4 9

0 14 1 13 2 5 3 10 4 6

0 6 1 12 2 5 3 13 4 11

0 5 1 9 2 9 3 12 4 6

0 13 1 9 2 7 3 12 4 12

0 4 1 7 2 12 3 10 4 5

0 10 1 11 2 15 3 13 4 10

3) j10c5a4

10 13 5

3 3 1 3 3

0 9 1 4 2 13 3 13 4 12

0 11 1 7 2 13 3 5 4 11

0 10 1 8 2 10 3 3 4 11

0 4 1 5 2 12 3 7 4 4

0 9 1 15 2 5 3 6 4 14

0 6 1 13 2 7 3 10 4 10

0 11 1 13 2 11 3 11 4 15

0 15 1 10 2 13 3 14 4 12

0 11 1 4 2 11 3 10 4 4

0 13 1 15 2 8 3 6 4 3

4) j10c5a5

10 13 5

3 3 1 3 3

0 12 1 3 2 14 3 14 4 10

0 14 1 12 2 13 3 14 4 10

0 6 1 13 2 6 3 6 4 10

0 3 1 12 2 13 3 4 4 7

0 3 1 6 2 11 3 14 4 7

0 6 1 15 2 11 3 7 4 14

0 11 1 15 2 10 3 8 4 7

0 6 1 6 2 11 3 10 4 7

0 8 1 11 2 5 3 10 4 4

0 3 1 8 2 8 3 13 4 15

5) j10c5a6

10 13 5

3 3 1 3 3

0 6 1 6 2 8 3 3 4 4

0 9 1 7 2 11 3 9 4 13

0 7 1 9 2 7 3 3 4 9

0 11 1 7 2 11 3 8 4 10

0 14 1 10 2 12 3 4 4 5

0 4 1 7 2 8 3 15 4 3

0 13 1 15 2 8 3 9 4 15

0 11 1 9 2 12 3 15 4 4

0 11 1 15 2 5 3 10 4 10

0 5 1 15 2 10 3 5 4 14

6) j10c5b1

10 13 5

1 3 3 3 3

0 14 1 8 2 5 3 6 4 14

0 15 1 3 2 6 3 4 4 15

0 15 1 12 2 15 3 14 4 13

0 4 1 14 2 8 3 5 4 11

0 10 1 8 2 7 3 5 4 13

0 14 1 13 2 6 3 8 4 5

0 5 1 3 2 14 3 4 4 8

0 4 1 12 2 9 3 8 4 14

0 12 1 11 2 5 3 10 4 15

0 9 1 11 2 14 3 13 4 4

7) j10c5b2

10 13 5

1 3 3 3 3

0 6 1 13 2 5 3 11 4 8

0 6 1 13 2 15 3 12 4 5

0 15 1 8 2 4 3 12 4 9

0 11 1 5 2 7 3 10 4 13

0 9 1 9 2 5 3 8 4 7

0 3 1 15 2 6 3 5 4 15

0 12 1 12 2 11 3 11 4 13

0 6 1 15 2 12 3 4 4 4

0 3 1 10 2 8 3 8 4 15

0 7 1 4 2 8 3 12 4 8

8) j10c5b3

10 13 5

1 3 3 3 3

0 7 1 3 2 15 3 15 4 10

0 13 1 6 2 5 3 15 4 11

0 9 1 10 2 9 3 12 4 3

0 4 1 12 2 7 3 8 4 5

0 7 1 13 2 3 3 4 4 8

0 11 1 9 2 12 3 4 4 13

0 5 1 6 2 6 3 4 4 11

0 9 1 14 2 6 3 7 4 11

0 11 1 4 2 11 3 11 4 11

0 6 1 5 2 15 3 12 4 12

9) j10c5b4

10 13 5

1 3 3 3 3

0 11 1 10 2 15 3 14 4 6

0 11 1 14 2 13 3 6 4 13

0 6 1 6 2 10 3 3 4 3

0 15 1 13 2 11 3 4 4 9

0 6 1 13 2 12 3 6 4 10

0 12 1 15 2 9 3 7 4 13

0 11 1 3 2 7 3 13 4 8

0 14 1 9 2 11 3 14 4 11

0 7 1 12 2 11 3 6 4 6

0 7 1 10 2 8 3 5 4 4

10) j10c5b5

10 13 5

1 3 3 3 3

0 15 1 4 2 12 3 5 4 9

0 10 1 9 2 11 3 15 4 12

0 7 1 10 2 11 3 4 4 3

0 13 1 10 2 5 3 10 4 3

0 15 1 4 2 13 3 13 4 7

0 15 1 14 2 9 3 4 4 4

0 13 1 9 2 10 3 9 4 15

0 8 1 12 2 10 3 11 4 13

0 15 1 14 2 3 3 10 4 13

0 14 1 4 2 10 3 9 4 13

11) j10c5b6

10 13 5

1 3 3 3 3

0 9 1 5 2 11 3 14 4 11

0 3 1 12 2 13 3 11 4 11

0 7 1 9 2 10 3 9 4 14

0 8 1 11 2 15 3 6 4 4

0 11 1 14 2 14 3 3 4 7

0 12 1 12 2 5 3 4 4 13

0 11 1 13 2 14 3 15 4 14

0 6 1 5 2 11 3 11 4 4

0 6 1 13 2 4 3 8 4 15

0 15 1 3 2 8 3 5 4 11

12) j10c5c1

10 14 5

3 3 2 3 3

0 5 1 15 2 4 3 4 4 5

0 5 1 9 2 14 3 11 4 3

0 3 1 5 2 8 3 13 4 8

0 15 1 3 2 13 3 4 4 8

0 3 1 12 2 10 3 11 4 3

0 3 1 10 2 6 3 13 4 4

0 14 1 8 2 13 3 4 4 15

0 6 1 12 2 6 3 9 4 8

0 13 1 8 2 8 3 4 4 14

0 11 1 13 2 10 3 15 4 7

13) j10c5c2

10 14 5

3 3 2 3 3

0 15 1 3 2 15 3 5 4 13

0 12 1 5 2 5 3 8 4 9

0 4 1 15 2 12 3 12 4 4

0 14 1 14 2 5 3 7 4 12

0 13 1 4 2 9 3 6 4 8

0 8 1 14 2 9 3 9 4 6

0 6 1 12 2 14 3 12 4 10

0 15 1 7 2 13 3 9 4 4

0 4 1 7 2 8 3 8 4 10

0 6 1 10 2 3 3 14 4 15

14) j10c5c3

10 14 5

3 3 2 3 3

0 11 1 15 2 4 3 10 4 8

0 4 1 7 2 9 3 11 4 3

0 13 1 7 2 11 3 13 4 15

0 14 1 12 2 5 3 7 4 12

0 14 1 3 2 12 3 9 4 12

0 3 1 6 2 5 3 12 4 15

0 15 1 11 2 11 3 8 4 15

0 7 1 4 2 6 3 9 4 7

0 4 1 4 2 15 3 3 4 4

0 14 1 9 2 12 3 10 4 4

15) j10c5c4

10 14 5

3 3 2 3 3

0 3 1 10 2 8 3 8 4 12

0 7 1 14 2 4 3 11 4 10

0 13 1 14 2 8 3 7 4 3

0 11 1 7 2 9 3 7 4 6

0 10 1 6 2 10 3 13 4 10

0 15 1 7 2 3 3 12 4 14

0 6 1 7 2 4 3 6 4 6
0 10 1 7 2 4 3 12 4 7
0 5 1 7 2 11 3 5 4 12
0 10 1 13 2 10 3 14 4 14

16) j15c10b1

15 28 10

3 3 3 3 3 3 3 3 3 1

0 13 1 5 2 14 3 5 4 3 5 6 6 15 7 8 8 11 9 11
0 7 1 11 2 7 3 14 4 7 5 14 6 3 7 14 8 9 9 15
0 13 1 8 2 15 3 7 4 6 5 5 6 11 7 15 8 14 9 9
0 4 1 8 2 13 3 3 4 14 5 3 6 5 7 4 8 3 9 15
0 4 1 7 2 14 3 7 4 9 5 3 6 15 7 13 8 7 9 3
0 15 1 11 2 14 3 14 4 7 5 7 6 15 7 13 8 3 9 15
0 10 1 6 2 14 3 12 4 8 5 6 6 11 7 10 8 4 9 12
0 15 1 7 2 14 3 3 4 15 5 14 6 9 7 10 8 5 9 14
0 13 1 12 2 9 3 14 4 14 5 7 6 3 7 10 8 5 9 12
0 13 1 9 2 9 3 15 4 5 5 7 6 10 7 8 8 12 9 5
0 3 1 15 2 3 3 12 4 13 5 12 6 10 7 9 8 12 9 15
0 6 1 6 2 6 3 7 4 15 5 6 6 11 7 10 8 13 9 8
0 15 1 4 2 15 3 13 4 5 5 15 6 7 7 5 8 8 9 5
0 10 1 5 2 7 3 11 4 10 5 15 6 12 7 3 8 8 9 12
0 9 1 3 2 15 3 5 4 15 5 10 6 11 7 12 8 12 9 7

17) j15c10b2

15 28 10

3 3 3 3 3 3 3 3 3 1

0 7 1 4 2 10 3 8 4 12 5 3 6 11 7 9 8 12 9 7
0 14 1 14 2 8 3 7 4 3 5 10 6 12 7 12 8 14 9 4
0 8 1 13 2 12 3 9 4 6 5 7 6 13 7 15 8 8 9 11
0 12 1 9 2 11 3 8 4 13 5 4 6 8 7 15 8 4 9 4
0 8 1 15 2 3 3 9 4 14 5 10 6 8 7 4 8 4 9 14
0 15 1 3 2 5 3 14 4 4 5 6 6 11 7 15 8 8 9 12
0 15 1 8 2 12 3 4 4 12 5 11 6 5 7 10 8 14 9 4
0 12 1 14 2 3 3 13 4 11 5 5 6 12 7 5 8 3 9 9
0 11 1 15 2 9 3 15 4 6 5 11 6 11 7 4 8 13 9 5
0 10 1 8 2 6 3 7 4 13 5 5 6 6 7 7 8 13 9 8

0 3 1 4 2 11 3 8 4 12 5 3 6 3 7 6 8 10 9 13
0 11 1 13 2 6 3 9 4 8 5 10 6 9 7 4 8 6 9 10
0 10 1 14 2 4 3 10 4 15 5 5 6 6 7 6 8 13 9 7
0 7 1 9 2 7 3 13 4 3 5 13 6 6 7 10 8 13 9 8
0 11 1 6 2 8 3 7 4 8 5 10 6 7 7 8 8 9 11

18) j15c10b3

15 28 10

3 3 3 3 3 3 3 3 3 1

0 15 1 14 2 3 3 10 4 4 5 14 6 14 7 14 8 5 9 10
0 14 1 5 2 13 3 10 4 10 5 3 6 11 7 9 8 6 9 13
0 8 1 8 2 15 3 11 4 4 5 11 6 9 7 3 8 8 9 13
0 12 1 3 2 6 3 11 4 9 5 12 6 15 7 13 8 7 9 12
0 9 1 15 2 5 3 12 4 8 5 10 6 10 7 8 8 11 9 6
0 8 1 9 2 8 3 12 4 4 5 5 6 9 7 8 8 15 9 5
0 15 1 13 2 4 3 9 4 12 5 4 6 7 7 9 8 14 9 14
0 8 1 15 2 15 3 14 4 9 5 9 6 5 7 13 8 12 9 15
0 12 1 11 2 13 3 9 4 6 5 12 6 6 7 13 8 10 9 5
0 11 1 13 2 15 3 15 4 13 5 5 6 7 7 7 8 4 9 4
0 5 1 14 2 5 3 14 4 3 5 14 6 3 7 4 8 11 9 15
0 10 1 3 2 14 3 13 4 4 5 6 6 6 7 4 8 7 9 14
0 13 1 15 2 6 3 8 4 7 5 10 6 10 7 10 8 8 9 11
0 12 1 4 2 3 3 10 4 5 5 12 6 5 7 7 8 15 9 10
0 10 1 10 2 5 3 15 4 10 5 9 6 6 7 11 8 8 9 8

19) j15c10b4

15 28 10

3 3 3 3 3 3 3 3 3 1

0 8 1 12 2 7 3 12 4 10 5 4 6 11 7 7 8 3 9 14
0 9 1 4 2 11 3 4 4 10 5 11 6 8 7 15 8 15 9 11
0 10 1 9 2 7 3 6 4 11 5 6 6 6 7 3 8 9 9 9
0 6 1 12 2 12 3 3 4 15 5 4 6 12 7 12 8 13 9 13
0 8 1 12 2 10 3 10 4 14 5 7 6 15 7 12 8 3 9 6
0 8 1 14 2 6 3 8 4 11 5 13 6 7 7 10 8 8 9 15
0 12 1 11 2 3 3 11 4 15 5 15 6 5 7 7 8 9 9 9
0 8 1 8 2 10 3 8 4 3 5 8 6 15 7 8 8 9 9 13
0 12 1 13 2 7 3 14 4 7 5 9 6 6 7 15 8 4 9 4

0 8 1 10 2 13 3 5 4 6 5 14 6 7 7 5 8 8 9 12
0 15 1 12 2 10 3 12 4 4 5 6 6 14 7 12 8 12 9 11
0 11 1 8 2 15 3 11 4 12 5 15 6 5 7 8 8 11 9 10
0 5 1 4 2 9 3 4 4 14 5 3 6 13 7 14 8 8 9 13
0 3 1 13 2 8 3 15 4 5 5 10 6 7 7 4 8 10 9 11
0 8 1 5 2 9 3 4 4 11 5 4 6 14 7 7 8 7 9 3
20) j15c10b5
15 28 10
3 3 3 3 3 3 3 3 3 1
0 10 1 3 2 8 3 9 4 6 5 9 6 12 7 11 8 5 9 4
0 6 1 8 2 8 3 8 4 15 5 6 6 3 7 11 8 12 9 14
0 7 1 12 2 13 3 5 4 9 5 12 6 7 7 7 8 9 9 9
0 11 1 10 2 4 3 5 4 11 5 14 6 5 7 5 8 9 9 6
0 15 1 5 2 13 3 4 4 10 5 14 6 3 7 4 8 7 9 6
0 4 1 3 2 12 3 6 4 9 5 7 6 13 7 11 8 10 9 10
0 15 1 10 2 11 3 13 4 9 5 5 6 15 7 7 8 8 9 15
0 15 1 5 2 4 3 6 4 8 5 4 6 8 7 4 8 11 9 7
0 6 1 14 2 6 3 10 4 12 5 11 6 10 7 14 8 8 9 12
0 7 1 10 2 14 3 10 4 4 5 15 6 11 7 4 8 8 9 5
0 7 1 8 2 10 3 14 4 6 5 15 6 4 7 12 8 3 9 8
0 13 1 15 2 8 3 11 4 12 5 14 6 6 7 15 8 12 9 12
0 14 1 10 2 3 3 7 4 13 5 7 6 15 7 5 8 9 9 9
0 13 1 13 2 14 3 3 4 3 5 7 6 6 7 14 8 11 9 14
0 3 1 8 2 4 3 9 4 10 5 13 6 9 7 14 8 15 9 3
21) j15c10b6
15 28 10
3 3 3 3 3 3 3 3 3 1
0 13 1 10 2 10 3 3 4 6 5 9 6 14 7 12 8 10 9 13
0 13 1 10 2 11 3 15 4 9 5 15 6 14 7 4 8 15 9 7
0 10 1 12 2 7 3 8 4 11 5 6 6 5 7 10 8 8 9 4
0 5 1 10 2 9 3 6 4 8 5 6 6 9 7 11 8 9 9 4
0 6 1 12 2 15 3 4 4 13 5 8 6 7 7 14 8 12 9 13
0 7 1 15 2 5 3 9 4 7 5 15 6 8 7 11 8 3 9 15
0 14 1 8 2 8 3 9 4 14 5 13 6 15 7 4 8 6 9 12
0 11 1 7 2 10 3 8 4 13 5 13 6 13 7 4 8 6 9 7

0 8 1 3 2 3 3 4 4 9 5 10 6 13 7 14 8 11 9 6
0 7 1 12 2 14 3 7 4 14 5 9 6 6 7 7 8 7 9 15
0 10 1 15 2 3 3 4 4 12 5 5 6 13 7 7 8 6 9 8
0 5 1 5 2 6 3 5 4 5 5 6 6 11 7 14 8 15 9 3
0 15 1 12 2 11 3 11 4 15 5 7 6 3 7 6 8 7 9 15
0 15 1 9 2 11 3 8 4 7 5 10 6 7 7 8 8 15 9 12
0 3 1 14 2 10 3 13 4 14 5 5 6 13 7 7 8 9 9 13